浙江省哲学社会科学规划课题
"如闪电之耀亮——浙江籍工人党员张佐臣"
（23NDJC438YBM）结题成果

如闪电之耀亮

浙江籍工人党员 张佐臣

本书课题组 ● 著

RU SHANDIAN ZHI YAOLIANG

ZHEJIANG JI GONGREN DANGYUAN

ZHANG ZUOCHEN

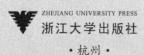
ZHEJIANG UNIVERSITY PRESS
浙江大学出版社
·杭州·

图书在版编目（CIP）数据

如闪电之耀亮 ： 浙江籍工人党员张佐臣 / 本书课题
组著. -- 杭州 ： 浙江大学出版社， 2025. 3. -- ISBN
978-7-308-25214-0

Ⅰ. K827=6

中国国家版本馆CIP数据核字第20248H4H36号

如闪电之耀亮——浙江籍工人党员张佐臣

RU SHANDIAN ZHI YAOLIANG —— ZHEJIANG JI GONGREN DANGYUAN ZHANG ZUOCHEN

本书课题组　著

责任编辑	黄静芬
责任校对	杨诗怡
封面设计	林智广告
出版发行	浙江大学出版社
	（杭州市天目山路148号　邮政编码310007）
	（网址：http://www.zjupress.com）
排　　版	杭州林智广告有限公司
印　　刷	杭州宏雅印刷有限公司
开　　本	710mm×1000mm　1/16
印　　张	16
字　　数	166千
版 印 次	2025年3月第1版　2025年3月第1次印刷
书　　号	ISBN 978-7-308-25214-0
定　　价	78.00元

本书课题组

组　长　张宪义

组　员　唐颖华（主笔）　杨秋琳　李浩砥　邵新尧　刘征程

根据回忆复原的张佐臣画像

序　言

　　张佐臣是中国共产党早期工人运动的领导者，第一届中共中央监察委员会最年轻的委员，也是唯一一位浙江籍委员。他18岁加入中国共产党，21岁牺牲，是中国共产党成立后牺牲的第一位嘉兴籍的革命烈士[①]，为中国的革命事业做出了重大贡献，尤其是在早期的工人运动探索方面。由于牺牲时间早，他留下的资料非常少，但笔者认为，张佐臣的英烈故事不应就此埋没，而应发扬光大。因此，笔者结合现存的研究成果，走访了无锡、新昌、上海、平湖、武汉等地，挖掘张佐臣烈士的史料，结合时代背景，尽可能有血有肉地还原英烈事迹，希望广大党员干部能从中感悟英烈精神，汲取前行的力量。

[①]　根据浙江省民政厅编《碧血丹心——浙江烈士英名录（嘉兴　绍兴）》（浙江人民出版社，2014）及南湖革命纪念馆编《初心永在——嘉兴英烈谱》（浙江大学出版社，2021）记载，张佐臣为中国共产党成立后最早牺牲的嘉兴籍烈士。

张佐臣，又名张祖臣、张佑臣、张鹏、张人杰[1]，1906 年出生在嘉兴市平湖县的一户穷苦人家。在他的童年时代，广袤的中华大地正处于黑暗的清末至北洋军阀专制统治时期。北洋政府和各路军阀为扩张自身势力，争取列强支持，互相杀伐，为维护帝国主义、地主阶级和买办资产阶级的利益，置百姓的生死于不顾，采取各种手段剥削百姓、兼并土地。部分自耕农和半自耕农陷入破产和丧失土地的境地，变成佃农和雇农，生活苦不堪言。处在这样的社会中，张佐臣的父母尽管劳作得万分辛苦，却渐渐变得揭不开锅，因而 14 岁的张佐臣不得不辍学去上海工厂做工。原本，少年张佐臣对上海的生活充满了向往，然而，在工厂打工时的所见所闻，资本家对工人牛马般的剥削、威迫，逐渐加深了他对现实社会的失望，也激起了他想要改变现状的豪气。他经常叹息：出路到底在哪里！他无比渴望、期盼着能有一种先进理论、新的力量出现，进而开辟一片新的天地。

1917 年，俄国十月革命的胜利，让中国先进知识分子看到了未来的希望。社会主义思潮在中国蓬勃发展，马克思主义在中国迅速传播。在各种社会矛盾不断加剧和十月革命取得成功的形势

---

[1] 中共中央党史研究室第一研究部编著《中国共产党第一至第六次全国代表大会代表名录》（增订本），中共党史出版社，2014，第 254 页。

下，一场新的革命一触即发。这场新的革命以五四运动的爆发为起点，如雷霆般席卷全国，中国工人阶级开始以独立的姿态登上历史舞台。

五四运动前后，中国先进的知识分子从巴黎和会的教训中，逐渐看清了帝国主义列强联合压迫中国人民的实质，这也促进了社会主义思想在中国的进一步传播。毛泽东曾说："五四运动的杰出的历史意义，在于它带着为辛亥革命还不曾有的姿态，这就是彻底地不妥协地反帝国主义和彻底地不妥协地反封建主义。"①越来越多的先进知识分子认识到，从前那套老办法行不通了，十月革命和五四运动指明了日后革命的新方向：必须依靠下层人民，抛弃资本主义，走马克思主义指引的道路。这是相当多的中国先进知识分子共同做出的历史性选择，马克思主义在广泛传播中同中国工人运动进一步结合，一批工人阶级的先进分子在这个过程中成长起来，一个新生的全国统一政党呼之欲出。

1921 年，中国共产党第一次全国代表大会从上海转移到浙江嘉兴，在南湖的一艘游船上完成了会议的议程。当时的中国共产党势单力薄、毫不起眼，但它的诞生是中国开天辟地的大事，这是因

---

① 李颖：《文献中的百年党史》，学林出版社，2020，第 3 页。

为它的手里握着最有力的思想武器——马克思主义。从此，中国人民有了强大的精神力量，中国革命有了正确的前进方向，中国命运有了光明的发展前景。

中国共产党诞生后，全国各地掀起了反对封建主义、争取人民解放的浪潮，尤其是上海。这一时期，上海聚集了大批新兴的中国知识分子，在上海工厂内做工的广大工人成为他们开展工作的群众基础。1924年，中国共产党在上海沪东创办了沪东工人进德会。进德会创办后，党员、知识分子们积极深入工厂内部宣讲新知识、新思想，促进了工人阶层思想的不断觉醒。张佐臣是当时饱受资产阶级工厂主折磨的众多工人之一。面对新思想、新知识，他立刻就被深深地吸引住了。他积极报名参加进德会的各项活动，认真阅读各类进步书刊，如饥似渴地学习进步思想。在进德会期间，由于表现优秀，思想觉悟高，张佐臣很快被正式发展为中国共产党党员。

不久，张佐臣就有了践行自己理想的机会。1925年2月，沪西日商内外棉八厂领班故意制造矛盾，无故开除阶级觉悟较高的成年男工，企图用工资更低廉的养成工取而代之，这引起了工人集体的极大不满，从而爆发了上海日本纱厂工人罢工（简称"二月同盟罢工"）。张佐臣在这次罢工中，奋勇争先，充分发挥了中共党员的先锋模范作用，积极团结自己所在的工厂及周边工厂的工人兄弟姐妹，运用浅显易懂又极有凝聚力的语言向工人们揭露了资本家的丑恶罪行。在与资本家的斗争中，工人们不屈不挠，将斗争进行到底。张佐臣作为谈判代表之一，时刻维护工人的利益，不卑不亢，立场坚定，运用智慧巧妙地揭穿了日商的各种伎俩，为工人争取到了最大的权益，彰显了卓越的领导能力和谈判能力，深得工人的拥护和爱戴。然而，二月同盟罢工沉重打击了日商资本家的嚣张气焰，损害了其利益，资本家团伙一直耿耿于怀，多次寻找机会反扑。5月1日，张佐臣与邓中夏等赴广州出席了第二次全国劳动大会。回沪后，张佐臣担任浦东罢工委员会办事处[后改为上海总工会第三（浦东）办事处]主任。同月，上海日商内外棉七厂资本家寻衅枪杀工人顾正红，激起了全市人民的强烈愤怒，上海全市开始了声势浩大的反对帝国主义的总罢工、总罢课、总罢市。在中国共产党的领导下，这场自发的浪潮有了正确的方向，进而演变成了五卅运动。五卅运动中，张佐臣始终坚持中国共产党的领导，危急关头勇担责任，成为上海日商纱厂工会联合会总主任兼募捐主任，积极筹款接济工人。他还担任顾正红追悼大会副指挥，在追悼会上义愤填膺地发表了振奋人心的演讲，坚定了广大工人反帝的决心，推动了工人的觉醒与团结。5月31日，上海总工会正式成立。五卅运动爆发时，张佐臣在浦东组织罢工委员会，任罢工委员会办事处主任。① 他经常深入工厂内部，向工人讲述资本家的种种罪行，传播革命道理。为了让更多不识字的工人拥有受教育机会，他在浦东开办工人学校，免费向工人传授知识。由于授课方式新颖，授课内容接地气，工人学校的课程深受工人喜爱，学习队伍不断壮大，工人阶层的思想得到了大解放。8月，在中共上海区委（即江浙区委）首次会议上，张佐臣被任命为中共上海区委候补委员。1926年5月，张佐臣出席了在广州召开的第三次全国劳动大会，被推选为中华全国总工会执行委员。

1926年6月18日，中共上海区委举行全体会议，张佐臣当选为区委委员，负责区委工农部的群众工作。9月，因革命发展需要，张佐臣放弃与妻子同去莫斯科学习的机会，赴无锡领导革命斗争。他利用技术工的身份，深入工厂，向工人宣传革命思想，鼓励工人站起来反抗压迫。在他的带领下，无锡建立了独立支部，张佐臣任书记。在此期间，他发动了无锡丝厂的工人进行罢工。10月，张佐臣任中共无锡县委书记，以教师身份做掩护，开展了以无锡为中心向四周推进的工农运动，革命士气不断高涨。正当工人运动蓬勃发展、革命形势持续一片向好之际，以蒋介石为首的国民党反动派

---

① 中共中央党史研究室第一研究部编著《中国共产党第一至第六次全国代表大会代表名录》（增订本），中共党史出版社，2014，第254页。

发动了"四一二"反革命政变,大肆屠杀中国共产党人,疯狂镇压革命运动,无锡革命形势陡然变得危急复杂。张佐臣当机立断,一边紧急召开会议,号召工人提高警惕,做好隐蔽工作,一边立即赶赴上海向党组织请示应急措施。当时,上海正处在白色恐怖之中,党组织经过慎重商议,决定留张佐臣在上海重建上海总工会,领导上海工人开展反抗斗争。

1927年4月,张佐臣不顾个人安危,远赴武汉参加了中国共产党第五次全国代表大会,并在这次大会上当选为首届中央监察委员会委员,成为最年轻的中央监察委员会委员。同年6月,张佐臣出席在汉口召开的第四次全国劳动大会,当选为中华全国总工会第三届执行委员。6月29日,由于叛徒出卖,张佐臣在上海总工会机关开会时被国民党反动派逮捕。面对敌人的威逼利诱、严刑拷打,他威武不屈、坚守秘密,保全其他同志,保存革命有生力量。7月1日,年仅21岁的张佐臣在上海被反动派残忍杀害。

所不朽者,垂万世名。孰谓公死,凛凛犹生!这位优秀的共产党员、工人运动领导者、革命斗士,如同天空上划过的闪电一般,短暂却明亮。他把短暂的青春毫无保留地奉献给了壮丽的中国革命事业。

为有牺牲多壮志,敢教日月换新天。自中国共产党成立始,至新中国成立，就有 370 多万姓名可考的中共党员为理想献出了生命。也就是说，在风雨如晦的革命年代，平均每天就有至少 370 名中国共产党人牺牲。正是无数个像张佐臣一样的热血青年，践行着坚持真理、坚守理想、践行初心、担当使命、不怕牺牲、英勇斗争、对党忠诚、不负人民的伟大建党精神，使得中国共产党带领全国人民经受住了各种风险和考验，探索出了一条适合中国国情的革命道路、建设道路，从小到大，由弱变强，一步步地走向胜利。

如今，伟大的中国共产党栉风沐雨，砥砺前行已历百年，截至 2022 年底，已成为拥有 9800 多万名党员的全国性大党。① 中国共产党第二十次全国代表大会赋予了我们新的时代使命，新时代的青年生逢其时，应向革命先辈学习，坚定不移听党话、跟党走，怀抱梦想又脚踏实地，敢想敢为又善作善成，立志做有理想、敢担当、能吃苦、肯奋斗的新时代好青年，让青春在全面建设社会主义现代化国家的火热实践中绽放为绚丽之花。

---

① 中共中央组织部：《中国共产党党内统计公报》，http://www.news.cn/politics/2023-06/30/c_1129725145.htm，访问日期：2023 年 8 月 30 日。

目　录

一、小小少年志气高

1906 年，中国大地还处在晚清政府的昏暗统治下，朝廷上政治斗争非常激烈。虽说"普天之下，莫非王土"，但是平素里爱惜民力、图谋维新的光绪皇帝已经对破败的"祖宗基业"无能为力了。名义上执掌大清帝国的光绪皇帝已经被慈禧太后软禁起来，"西太后先发制人，把光绪囚禁起来，说皇帝有病，不能理事，复由太后临朝训政"①。此时把持朝政的清王朝权贵们丝毫不顾百姓的死活，对全国各地横征暴敛，底层民众衣不蔽体、食不果腹，民生凋敝、苦不堪言。"1903 年一年帝国主义就

---

① 蒋廷黻：《中国近代史常识》，台海出版社，2019，第 131 页。

从中国掠走银元约 2 亿元。可见，帝国主义对中国的经济掠夺造成了多么严重的后果。……帝国主义的野蛮掠夺，使中国陷入百业凋敝、国衰民穷的悲惨境地。"[1]

1906 年，在浙江省嘉兴市平湖县的一户贫苦农家，一名男婴诞生了。呱呱坠地的男婴给苦难的家庭送来了喜讯。孩子很健康，大大的眼睛闪烁着好奇的光芒，肉嘟嘟的小脸蛋上有着粉红色的笑晕，睫毛长长的，眼神里透着机灵与可爱。当了父亲的老张头喜笑颜开，对着躺在母亲怀中的小娃娃逗个不停，可是没过一会儿，他就又眉头紧锁，一个人低着头开始沉思。刚刚生产完的妻子看出了老张头的心事。由于身体虚弱，躺在床上的她只能摆摆手提示道："娃他爹，是不是一连许多天都没有想好名字啊？依我看，还是叫村头的孔老夫子给相个名、取个字吧！"

老张头找到了孔老夫子。他看了看孩子，慢悠悠地眯起眼睛吸了口水烟，方才抬头望向老张头："平定了太平天国运动后，清廷元气大伤，后来几个大人又搞洋务；再后来维新变法失败，皇上大权旁落，义和团运动开始，洋人也攻进了京城，真是一年不如一年，大清朝已有了亡国之兆。当务之急，是振兴衰微，自立自强。龚自珍先生有诗曰：'我劝天公重抖擞，不拘一格降人才。'我看就让令郎将来做个辅佐英明君王的股肱之臣吧！按此意，当取名'佐臣'！"

---

[1] 卢翰、周荣居、张爱华主编《中国近代史纲要》，电子科技大学出版社，2017，第114—115 页。

听了孔老夫子的这一席话语，半懂不懂的老张头含糊地笑道："既然已经取好了，还请您老人家写下来，我也不识几个字，这样好留个念想，日后有个对照。孩子将来大了，保不齐要送学堂，也有个说法。"孔老夫子会心一笑："此事好办。"当即拈笔蘸墨，在一张洁白的宣纸上挥毫写下了"张佐臣"三个大字。

张佐臣的家乡平湖位于东海之滨，地处浙江省东北部，"沪、杭、苏、甬"四大城市菱形对角线的交汇点，北接上海市，南濒杭州湾。境内地势平坦、河网密布，四季分明、气候宜人，是江南著名的"鱼米之乡、瓜灯之城、文化之邦"，素有"金平湖"之美誉。[①]20世纪初，平湖商业繁荣，水道众多，郊野乡民大都以课桑育蚕、瓜果种植为生，一座座白墙黛瓦的农家屋舍均匀地散落在一望无边的旷野上，一派"小桥流水人家绕"的景象。当时，平湖是"产粮大县"，对于守着粮仓过日子的农家子弟而言，一年到头能够有个好收成，就是全天下最好的盼头了。张佐臣的童年就是在这样的环境下，于美丽富饶的平原田野上度过的。

1911年底，小张佐臣年方五岁。当时，中国发生了一件大事：孙中山领导的辛亥革命取得了成功。清政府被推翻了，南方各省纷纷独立，浙江也宣布光复，成立了宪政府。不久后，袁世凯响应"共和"，逼迫小皇帝溥仪退位，攫取了胜利的果实。[②]不过，这些

---

① 平湖市人民政府：《平湖概况》，https://www.pinghu.gov.cn/art/2024/4/3/art_1229438637_59848327.html，访问日期：2024年1月20日。

② 卢翰、周荣居、张爱华主编《中国近代史纲要》，电子科技大学出版社，2017。

惊天动地的大事对平湖乡下的老张头家并没有产生多大的影响，一家几口人，吃饭都成问题，谁还有心思管那些事情？虽然家里生活贫苦，但是老张头却有自己的主见。张佐臣已经快六岁了，到了进学堂的年龄，家里吃饭穿衣勉强还过得去，如果咬咬牙，送孩子到学堂里念书，总比在地里头干活吃苦受累一辈子要好。老张头自己就是因为小时候家里实在太穷了，所以爹娘根本就没有考虑过要让他上学。现在的情形比往日好一些，是时候让娃读书认字了。老张头和妻子两人一合计，虽说家里钱不多，但这两年攒下的口粮，也足够孩子去读书了，于是拿定主意，送张佐臣到村头的私塾里求学。

当时骑在大水牛背上玩耍的张佐臣，对外界的重大变化还一无所知，正一门心思地和小伙伴们嬉笑打闹，叫喊着等会儿去哪儿捉鱼弄虫。张佐臣虽然年纪小，但个头比其他小伙伴都高出许多，胆子大，心也细，在村子里的同龄人当中俨然是个孩子头。张佐臣常常领着几个"死党"去地主家的田里偷番薯和西瓜吃，只因他非常痛恨镇子上的大地主盘剥乡亲们。就拿水牛来说，他家是向地主家借的，犁了地就得还回去，可是他每次都会看到爹爹遭到地主的奚落，地主老是说没喂好牲口，牛又瘦了，要多交点粮食当"嚼谷"。可怜的老爹也不敢说什么，只能点头哈腰地应和。因此，一旦得了空，小佐臣就去地主家的肥田里"祸害"，借此"报仇雪恨"。

一天，小佐臣放牛回来，刚想奔到灶头找点吃的，就听老张头敲了敲烟锅，叫住了他："囡囡，而今你也不小了，是到了该进学堂读几本书、识几个字的时候了。过几天，等地里活干得差不多了，我就送你到村头的私塾里去。你要好好学，下真功夫，不能偷懒，家里养你可不容易。以后下了学回来，也要到田里去帮工。可听清楚了？"张佐臣看着爹爹一反常态，板着脸很严肃的样子，也不敢说些别的，就只似懂非懂地点了点头："爹说怎么着就怎么着。"

农活忙完了，老张头领着小佐臣来到私塾，找孔老夫子拜师开蒙。这位给小佐臣取名的"孔先生"，当时在镇子上办着学堂，收的学生多了，精神看上去也更好了。一见老张头带着儿子和拜师礼来到门前，便知晓来意，忙笑着迎道："哎呀，几年光景，公子已经长这么高了？得有八九岁了吧？""哪里哪里，按实岁，他这小子今年才五岁，过了年刚满六岁，就是吃饭吃得不少，个头顶得高。"老张头不好意思地答道。原来，张佐臣虽然年龄小，胃口却不小，开灶台吃饭的时候，就属他吃得多，两碗米饭都不一定吃得饱。五六岁的年纪，比同龄人高了一头，看上去真有八九岁的光景。孔先生拍拍张佐臣的肩头，感叹道："小伙子真不错，按年岁，也到识字的时候了。就把他编进小班吧，一点点读书认字。小班是初学班，每天上午教书，大班是在下午；另外呢，张太公，现今已经改朝换代了，是为民国喽。民国、民国，就是人民的国家，以前那些对着孔圣人大磕响头的俗礼就罢了吧，给我磕头呢，也不必了，这些都一概免了去，只收下些银钱，权当作书本费。"

听得此言，老张头喜不自胜，忙作揖道："全听先生的安排。以后每日早晨让他来读书，下午回家到田地里帮忙照顾。书本上的东西就托先生照应啦！"孔先生仰头大笑："那是肯定的，现在已经是民国了，读书治学走科举那一套是不管用了，因而以后除了学些'四书五经'外，我还要教学生们一些新学。"老张头应道："就算现在还是大清，我们本也没有打算让孩子走科举应试这条路，只求他读几本书，识得几个字罢了。"

第二天一大早，张佐臣就来到学堂报到。他穿着母亲给他新缝制的衣服，挎着母亲新缝制的布袋书包，一脸好奇地来到书院门前。刚一迈进门，他就看到了让他惊掉下巴的一幕。几个个头很高、看上去有十几岁的大哥哥正堵在大书桌前面，领头的一位手里还握着一把大剪刀，黑亮亮的双股剪子在大个头手里显得有点吓人。刚入学的张佐臣一时半会儿还搞不清楚状况。这时候，同村一个和他相识的小伙伴悄悄来到他身旁，拉他在旁边的桌子后面坐下，趴在他耳朵边低声说："他们都是大班的学长，平时都见不着的。可是前两天听说他们都一起剪了辫子，还要去城里读新学。今天居然来咱们班里，要给咱们也剪辫子呢！"听完同伴的话语，张佐臣侧过身看去，果然看到这几个大哥哥瓜皮帽后面的地方空荡荡的，大辫子已经荡然无存，他不由得心里暗暗称奇。

小班的学生们彼此之间互相看看，都低着头，大气不敢出。这时，那几位大学长又说起了话："我们几个已经带着大班的同学全部剪了辫子。时下大清已经彻底消失了，孙中山先生领导的革命已经取得成功。你们虽然还小，但也应该响应革命。革命，就是革朝廷的命！首先，就先与这拖着的长辫做个了断！""谁敢剪？来我这里！小兄弟们不要怕，不碍事的，孔先生他不管我们的。我们剪完辫子，要他保举我们到城里去读新式学堂，他老人家也很支持的；你们家里的父母也不用怕，早晚都会把辫子剪光光。改朝换代啦！快来！快来！谁敢第一个上来？很快的，咔嚓一下就剪了，剪完后你们就都不再是大清的子民喽，而是在民众的中国获得了新生！"

听着学长们的新词语，张佐臣感到非常新鲜。原来读了书长了学问，可以知道得这么多，又是大清，又是民国，又是革命，好多新奇的玩意儿。不过张佐臣明白，学长们八成是对的，孔先生他老人家不是也同意了吗？既然如此，那有什么不敢的？再说了，留着辫子，打理头发都是个麻烦事，既然能剪，那就剪了吧。于是，张佐臣以初生牛犊不怕虎的生猛劲头，第一个站了起来，大声回答："我敢剪！我愿意把这拖拖拉拉的辫子给剪掉。大哥哥你就剪吧！"于是张佐臣就迈步往前，一旁的小伙伴惊得目瞪口呆，赶紧拉了拉他的衣角，意思是让他不要冲动，可是张佐臣反倒是握住了同伴的手，劝说道："不要怕，没什么大不了的，大家都剪了，大家就都一样。你也来剪吧。快来！"说着，张佐臣就走到了学长们的身边，把头低下去，方便大哥哥们上手。说时迟那时快，领头的学长毫不犹豫，一下就把张佐臣的小黑辫子给剪了下来。学长们把张佐臣的辫子拿在手里，向小学弟们展示道："看到了吗？一剪刀的事情，胆子要大，不要害怕。"说完，学长们拍了拍张佐臣的后背，赞许道："不错，就应该这样子，带个头。"再之后，学长们直接进到教室中间来，抓住了小弟弟们的头发，就直接剪了下去。有几个学生壮着胆子，叫学长们给剪了头发；还有的几个吓得不轻，抱着脑袋不敢给学长们剪。一时间，课堂上乱哄哄的，有叫的，有喊的，闹作一团。

这时候，有人看到孔先生来上课了，于是赶忙喊道："先生来了！"霎时间教室里又安静了下来，孔先生站在前头，一言不发，直愣愣地看着教室里的乱象。几位学长不好意思地和先生打了个招呼，讲道："城里、乡下大家都在剪辫子，于是我们几个一早就来到小班里，帮他们也剪一下。这就剪好了，我们回去了。"孔先生点了点头，一摆手，几个学长就飞一般地逃出了教室。再回头看看，房间里的小孩子十有八九都被剪了辫子，像割得歪七扭八的稻茬。不过，孔先生脑后倒是还拖着那条长长的黑辫子，虽不失威严却又显得有些老朽。奇怪的是，孔先生闭口不谈剪辫子的事情，好像什么也没有发生一样，让大家开始背书，之后走到张佐臣身边来，当面交代道："你是头一天上学，先识字，学用笔。"说完，就把提前准备好的笔墨纸砚以及大字本等一应物品放在了张佐臣的桌子上。张佐臣一看这些新用品，高兴得不得了，答应着："好的，先生。"

从这天开始，张佐臣就每天清晨到私塾里学字认字，背诵古文。他很刻苦，进步非常快，先生教的字句、文法他听一遍就能记下来，不用再讲第二遍；在描红本上练字也很用功，一笔一画写得很认真。他每天中午回家吃饭，下午就到田里帮着爹爹打理庄稼、割猪草、捡牛粪，为一家人的生活出力，可是即便如此，张佐臣一家还是生活得异常拮据。不过，日子虽然很艰苦，张佐臣的父亲却依然坚持让张佐臣每天都按时到学堂里面去，宁肯少吃一口饭，也要供养他上学读书，以免像其他穷苦人家的孩子那样，要么成天给地主家里放牛，要么出门去给附近的大户人家家里打长工或者打短工。在这样的家庭环境下，张佐臣非常明白父亲的良苦用心，他除了下午帮家里干活外，其余时间都用来读书学习，因此成绩在学堂里名列前茅。

寒来暑往，又过了两年，八九岁的张佐臣看上去像十几岁的大孩子了。由于他读书认真努力，学习速度快，对知识的掌握程度很快就赶超了许多同窗，因此教书先生就任命他当了班里的"领读员"，相当于后来的"班长"。每当孔先生有事情走开时，就由张佐臣带领同学们诵读和练字。张佐臣个头高、学习好，也深得同窗好友们的信赖，大家都愿意认他当领头雁，跟着他学习。

这一时期，张佐臣的组织领导才能和统筹策划能力开始显现出来。张佐臣在学堂里当上了孩子头，领着一群小伙伴比赛写字、背书；还在中午散学以后，组织同村中家里住得比较近的同窗一块儿帮忙到田地里干农活或者去周边的桑树林采桑叶，有时也去帮忙照顾那些因为家里实在太穷而上不起学的小朋友，教他们学写自己的名字和认读一些简单的字词。在私塾读书的这几年，是张佐臣难得的快乐童年时光，既有充实的精神生活，又不需要为物质生活发愁，可以无忧无虑地享受幸福的时光。

可是好景不长。辛亥革命的胜利果实被袁世凯窃取。袁世凯戴上了大总统的帽子，却还幻想着有朝一日能够当上皇帝，因此搞了一出"洪宪皇帝"的闹剧，结果在全国人民的一片唾骂声中草草收场，他的皇帝梦仅仅持续了八十三天就宣告破灭。从此之后，袁世凯手下的各路将领开始争权夺位，互相攻伐，中国陷入了军阀混战、"城头变幻大王旗"的北洋政府时代。[①] 浙江平湖乡下的这些小村庄，也不可避免地卷入了军阀政府苛捐杂税的旋涡中。乡政府的税收越来越多，地主家里的抽成也越来越高。这年头，张佐臣家里的光景就更差了，他的爹爹由于常年劳作，落下了病根，近两年经常抓药吃药，家里的日子一天紧似一天。张佐臣心里明白，每天的读书费用已经不少，如此下去，家里恐怕是难以为继，于是暗暗产生了放弃学业的念头。

1919年，第一次世界大战结束，中国作为参战方，与其他协约国共同赢得了最后的战争。中国本应与其他战胜国一起分享胜利的喜悦，结果却"弱国无外交"，巴黎和会上的西方列强，居然把德国在中国青岛的特权交给了日本。[②] 中国政府外交失败的消息传回国内，北京的学生群情激昂，掀起了轰轰烈烈的五四运动。学生

---

① 张华腾：《北洋集团崛起研究（1895—1911）》，博士学位论文，复旦大学历史学系，2005。

② 唐启华：《"中日密约"与巴黎和会中国外交》，《历史研究》2019年第5期。

罢课、工人罢工、商人罢市的浪潮席卷全国。①

1919 年，张佐臣年满十三岁，照年纪也该到结束私塾中"蒙童"身份的时候了。当时，平湖县城里和嘉兴、杭州等城市都办起了不少新学，可以接受一些达到入学水平的学生就读，孔先生也有意推荐张佐臣进城读书。可是张佐臣已经拿定主意，为了照顾家里的用度，不再读书了。

五四运动后，嘉兴的一批传播新思想的进步刊物应运而生，如《新乡人》《新塍半月刊》《秀州钟》《民国日报·黎明》《少年新塍》和《平湖日报》。有一次，他在孔先生家偶然发现了一份《平湖日报》。读了一篇关于五四运动时上海工人如何通过罢工声援北京爱国学生运动的报道后，血气方刚的他，内心波澜起伏，久久不能平静。之后，他就经常去孔先生家找《平湖日报》等进步报刊。这些报刊报道的事件、传播的新思想，为小佐臣打开了一个新世界。他很好奇，也很兴奋，他内心似乎时时有一个声音在告诉他，一定要去大城市看看外面的世界，要融入这个时代的洪流中。因此，他暗下决心，一定要外出做工。

---

① 郭双林：《电报与政治时间：重新理解一九一九年的"五四事件"》，《中共党史研究》2019 年第 11 期。

二、心怀憧憬赴上海

　　1920 年，张佐臣刚刚年满十四周岁，是一个相貌俊秀、身材高瘦的少年。十四岁的少年本应该还在学校求学，承欢父母膝下，而他却选择早早离开自己生活了十几年的家乡，怀揣着好奇和梦想，来到了上海的十里洋场做工。他听说上海有很多工厂，有很多工作机会，能赚到钱，他希望能在上海通过自己的努力，在补贴家用的同时，寻找改变自己命运的机会。

　　事情的起因还要从前一年说起。1919 年的夏天，天气炎热，烈日的炙烤让每个人心里都很焦躁，张佐臣也不例外。这时候的他已经辍学在家待了好几天，无法继续读书的巨大空虚感和失落感向他袭来，他只好天天在家里百无聊赖地做农活、打理家务。父母也在思考给孩子谋一个出路，到处托亲戚熟人打听，以期寻个学徒做做，赚点钱来补贴家用；再或者，够孩子自己吃饱饭也行。凑巧的是，有一位比较熟络的亲戚到张佐臣家里做客，谈话间说起来一个不错的前景，那就是到不远的上海去，到那里做工，吃饭有保障，还有固定的工钱可拿。这位亲戚，论辈分是张佐臣的堂叔，前几年跟了朋友到上海滩去，做了几年工，生活过得还凑合。上个月得闲回了一趟老家。交谈中，堂叔说道，上海正在响应学生运动，工厂里的工人们都罢工了。既然不用上工了，这个堂叔也就得了空，回到家里休息几天。

说话间，张佐臣在一旁听着，也就渐渐动了心思。上海离家里不远，又有堂叔可以照顾自己，何不跟家里讲清楚，去繁华的上海做些零工呢？主意拿定，等这位亲戚走后，张佐臣就和父母讲了自己的想法。他的爹爹和娘亲也思忖良久，犹豫不决。他们觉得张佐臣虽然个子长得高、能干又有主意，但毕竟年龄还太小了。虽说家中条件确实艰苦，可是让年仅十四岁的小佐臣孤身一人前往上海，尽管有亲戚帮衬着，还是难免让父母担忧。而年仅十四岁的小佐臣已经下定了决心要去上海。他宽慰父母道："阿爹、姆妈，现在家里的光景一天不如一天，我年龄也不小了，又识字，你们就让我出去闯一下吧，上海离家也近，还有阿叔在，我不会受欺负的。而且，听说上海那边最近一直有工厂在招工，工钱还相当不错，我肯定能养活自己，说不定还能够带些余钱回来呢！"家里反复商量了几次，觉得还是去拜访一下张佐臣的堂叔，问问清楚的好。

张家一家三口到这位堂叔家里来了。作为叔伯兄弟，堂叔和张佐臣的父母也讲了许多。他说："上海的许多工厂都是洋人办的，上班的都是附近几个省的穷苦人家子弟，要能吃得了苦，做得好工。另外，洋人的规矩还是挺多的。佐臣年龄还小，年纪太小属于童工，害怕力气不够。不过，看佐臣虽然只有十四岁，但身高已很像大小伙子了，应该没什么问题。等我回到上海以后，打听打听有没有工厂招工的，有合适的，我就回家里来，带上佐臣同去。"小佐臣听后，兴奋地站起来说："阿叔，我身体好着呢，我能吃苦。"张佐臣父母交换了下眼色，也表示同意。张佐臣的父母就让他在家里好生等着，等上海那边有了消息，再送张佐臣去上海。自此之后，张佐臣就开始向往起了到上海以后的生活。

上海，由于其出众的区位优势，自宋时起便开始成为我国的重要贸易港口，至清乾隆、嘉庆年间，上海逐渐成为中国的贸易大港和漕粮运输中心，被称为"江海之通津，东南之都会"。鸦片战争开埠之后，在上海出现了全国最早的租界。租界是一种既不受中国地方政府实际管辖又不是殖民地的特殊区域，由租用该地区的各国政府共同管理，与华界相区分。上海就此成为帝国主义国家竞相进行资本输出的理想之地，倾销商品，搜刮原料、钱财。西方列强在扩大对上海的掠夺版图的同时，又在客观上刺激了上海经济的发展。在多种因素的综合作用下，上海吸收了西方工业革命的发展成果，其城市化进程和现代化程度不断提升，产业日趋齐备发达，具备国内其他地区无法比拟的工业发展环境。同时，辛亥革命为民族工商业的发展松开了枷锁，上海的工厂数量在辛亥革命到五四运动期间逐年上升，从 1912 年的 28 家增加至 1919 年的 67 家，积累了相当数量的产业工人。尤其是第一次世界大战爆发后，帝国主义列强因忙于争斗而无暇东顾，上海工业以此为契机，得以飞速发展。纺织、面粉、卷烟、化妆品、机器等行业的发展尤为迅猛，一时间工业产值占全国的 60% 以上，金融产值占 80% 左右，且发展势头一直在延续，成为国内外贸易的中介点，上海因此成为中国的经济中心。

经济的增长，使得上海成为全国最大的工商业区，城市的辐射能力增强，周围的贫苦农民大量流入上海，并转化为新兴的工人阶级。由于平湖靠近上海，因此张佐臣周遭的亲朋好友、失地农民，无不抱着闯一闯的想法一头撞进这机器轰鸣的上海。在租界、资本扩张的同时，工人阶级也日益壮大。据统计，上海的工人总数于1919 年前后，约占全市人口四分之一。[1]五四运动期间，工人业已成为上海最大的市民群体，且集中性、革命性较高，被认为在政治行动中具有果敢坚决的特点，即"只要他们认为是对的事情，他们马上就会干起来的"[2]。因此，上海那时是名副其实的"工人城市"。

张佐臣在家等啊等啊，转眼已到了农历新年，那位堂叔回家过

[1] 上海社会科学院历史研究所编《五四运动在上海史料选辑》，上海人民出版社，1980，第 11—15 页。

[2] 《字林西报》1919 年 6 月 12 日。参见刘明逵：《中国工人运动史　第二卷：新民主主义革命初期的工人运动（1919 年 5 月至 1923 年 12 月）》，广州人民出版社，1998，第 80 页。

年，走亲戚时通知张佐臣，上海新近有不少日本人的纱厂在招工，让张佐臣收拾好行装，年关一过，就带他一同往上海去。好不容易等忙过了年，堂叔就来到家里，同张佐臣一块在镇子上的小码头登船，准备去上海。江南地区水系四通八达，只要有一艘小小的摇橹船，就可以划到上海的黄浦江去。面对站在岸边送别的父母，张佐臣紧了紧肩上的布包，感受着布包里母亲一大早摊的煎饼、煮的鸡蛋的余温，眼里几乎要落下泪来，但他竭力忍住，只是用力地挥手。随着小船越行越远，熟悉的人、乡镇、田野都渐渐消失不见了。在水上漂泊了一天后，张佐臣顺利抵达了上海。

他来到了上海的杨树浦。杨树浦这个地方，位于上海市中心区域的东北部，地处黄浦江下游西北岸，东、南与浦东隔岸相望。①杨树浦的大部分地区都在公共租界内，西方列强利用杨树浦优越的地理条件，开办了一批工厂。1895 年甲午战争失败后，清政府与日本签订了丧权辱国的《马关条约》，满足了帝国主义列强对华资本输出的需要，随后列强掀起了瓜分中国的狂潮。日本捷足先登，在上海华德路（今长阳路）设立了东华公司，德国、英国也接踵而至。1896 年，德商在沪东开办瑞记棉纱厂。1896 年，英商开办规模宏大的怡和纱厂（后改为上海第五毛纺织厂）。此时，由华商创办的工厂也日益增多。1905 年，中英在沪东合办振华纱厂，后由华商独自经营。1910 年，华商开办公益纱厂。1914 年，著名实

---

① 《中国共产党杨浦（沪东）史》编纂委员会编《中国共产党杨浦（沪东）史：1921—1949》，上海人民出版社，2011，第 1 页。

业家穆藕初在华德路与兰州路交会处的高郎桥东堍创建德大纱厂。1916 年，穆藕初又与其他两人在德大纱厂旁建造了厚生纱厂（后申新六厂）。到了 20 世纪 20 年代，杨树浦工厂林立，厂房密布，产业工人集中，工人阶级队伍发展壮大，近代的杨树浦成了上海工厂最稠密的地区之一。

在堂叔的引荐下，张佐臣在新建的大康纱厂里找到了一份工作。位于杨树浦的大康纱厂，建于 1920 年，是一个刚成立不久的纺织厂，隶属于日本纺织株式会社。张佐臣虽然年纪小，但是身高和成年人一样，根本看不出来是个小孩子，因此成功地混进了工厂的大门。张佐臣识字，这在满是贫苦人家子弟的日资工厂里来说是很少见的，工头、买办商量后，让他当了一名记工员。

上海大康纱厂旧址

起初，张佐臣还沉浸在找到工作的喜悦之中。他拿着铅笔、本子到车间里去记录每一个工人的上工情况，走起路来，步子迈得都带着风，满口哥啊姐啊叔啊姨啊地叫着。在都是贫苦农民出身的工人群体中，张佐臣感觉就像是回到了平湖老家一样，那一双双因劳作而粗糙长茧的手，那些本子上记着的大毛、二毛的名字，都是那么亲切。他很想和他们多聊几句，但停留时间稍微长一些，工头就像饿狼似的盯了过来，吓得他赶紧抿紧嘴巴走开。他在每个人名字下面画一横，表示出了一工，仔仔细细地把每一画都画得又直又深。他每记完一个车间，心里都在想着：又赚了一个铜板，带回家爹娘一定会高兴的。但很快，他的兴奋劲儿就被工人们的疲劳给打击到"奄奄一息"了。

早上天才蒙蒙亮，工头就在工厂门口敲打着空罐头呼喊着工人们上工，纺织工人们带着装有中午吃食的小布包，揉着眼睛从四面八方涌来。那些包身工从那饭桌、马桶挤在一起的"鸽子笼"里爬出来，草草梳理几下头发便算收拾过了，有的边走边系衣扣，走到小佐臣面前时还衣衫不整地打着哈欠，让小佐臣看得满面通红。20世纪初，上海工人普遍实行 12—14 小时工作制；20 世纪 20 年代的上海工厂每日工作时间为"机械工人 8—16 小时，手工业工人 10—15 小时，交通工人 6—16 小时，服务性工人 9—18 小时"[①]。纱厂工人们在机器轰鸣的车间里的劳作时间之长，工作强度之大，是常人所难以忍受的。待到极珍贵的中午休息时间，工人们扎堆在一块儿，边闲聊边打开布包拿出吃食，小佐臣也不例外，吃起了堂叔

[①] 《新青年》1920 年 5 月 1 日第 7 卷第 6 号。参见上海社会科学历史研究所编《五四运动在上海史料选辑》，上海人民出版社，1980，第 14 页。

准备好的糙米饭配咸菜。

"呀，李叔，你咋就吃几个土豆，你一个大男人，这样不得饿扁了？"

"有什么办法呢，干活就这么点薪水，家里婆娘和娃都要吃饭。"

这个被小佐臣喊李叔的中年男人脸色蜡黄，即使是在吃饭闲聊时，紧皱的眉头也始终舒展不开。上海工人的工资待遇很是微薄。在上海，大多数工人的工资为每天 2 角 5 分—3 角左右，童工工资则更低，如纱厂工作的童工在工作 9—10 小时的情况下，每天只有 1 角到 2 角的工钱[①]，还要受资本家和封建把头的克扣，可谓"其工价之廉，乃为世界各国之所无"[②]。譬如，当时流行的《劳动歌》就描述了工人受苦受累一天只得两角钱的悲惨状况："买得柴来难买米，可怜怎样度长年。"[③]还有几个跟小佐臣年龄差不多的包身工姑娘，中午吃的是薄粥，里面是较少的籼米、锅焦、碎米和乡下人用的较多的豆腐渣。至于菜，老板娘得空捡些菜叶回来加盐煮煮，就已经是大施恩惠了。

工人阶级受到的多重压迫和一切悲惨生存状况的源头，就是那控制着大多数工厂的外国资本家以及军阀政府。上海工人阶级长期处于社会最底层，利欲熏心的各类资本家为了降低生产成本，提供

---

① 上海社会科学院历史研究所编《五四运动在上海史料选辑》，上海人民出版社，1980。

② 愈之：《外人在华投资之利益》，《东方杂志》1918 年 1 月第 15 卷第 1 期。

③ 为人：《劳动歌》，《劳动周刊》1921 年 11 月 5 日第 12 号。

的工作环境和条件极其简陋，缺乏安全保障和必要的劳动保护，工人如同牛马一般，毫无权利可言。在督工制、养成工制、包身工制等多重压迫下，工人被随意打骂体罚，在棍棒的监督下劳动，完全没有人身自由，甚至生命都得不到保障，"实与身囚牢狱无异"①，上海植树工人刘朗山撰稿诉说了当时工人的悲惨状况："所居者破屋茅棚，所穿者仅可遮羞。"②

阶级只有在革命中才能现实地成为革命性的阶级，因为革命对于进行革命的阶级而言，乃是不可或缺的政治实践活动。以工人阶级为首的现代生产力代表者，为了摆脱残酷的经济剥削与政治压迫，改善生存境遇，一直努力争做社会主义的先锋。上海工人阶级多次自发组织反抗斗争，积累了丰富的斗争经验。1879 年至 1919 年，上海工人罢工次数不断增加，人数规模不断扩大，斗争目的以争取经济利益为主，斗争水平也随着工人素质的提高和数量的增加而不断提升，逐渐由分散作战转向联合斗争，斗争次数在全国斗争总数中的占比日益增长，斗争激烈程度亦明显提高。

在张佐臣到上海做工后不久，1920 年 5 月间，杨树浦地区就因米价过贵而爆发了多次工人罢工。10 月，李汉俊在《劳动界》发表的《工人如何对付米贵？》一文中，及时提醒抗争中的工人群众："工人对付米价的办法，只有要求东家增加工钱，其余的什么

---

① 原文无题，《民国日报》1917 年 7 月 27 日。参见上海市静安区文物史料馆、上海社会科学院历史研究所现代史研究室编《红映浦江：上海工运历史研究 第一辑》，上海书店出版社，2020，第 30 页。

② 刘朗山：《火车北站职工》，《新青年》1920 年 5 月 1 日第 7 卷第 6 号。

平桌什么临时加薪都骗人的，从前我们已被他们骗了一回，我们就应该牢记在心，不要再受他们的骗。"①

李汉俊在《劳动界》上发表的文章
《工人如何对付米贵？》

1920 年 6 月 16 日，商祥泰木行（今杨树浦 1426 号）700 余名工人因米价上涨要求增加工资而举行罢工。工人不畏强暴，在斗争进行到第 4 天时，木行经理不得不同意给每个工人每月补贴 8 角钱，罢工由此取得胜利。6 月 20 日，杨树浦日商所办的协隆纱厂、三泰纱厂，上海英国公司三个纱厂的男女工人共 4000 多名，因为要求加工钱而罢工，在与厂方的斗争中以破坏玻璃电灯等器具的行为展示决心。经过 20 天的斗争，厂方被迫同意每月给每个工人平价米 3 斗（每斗取价 8 角）。最大一次罢工是 6 月间杨树浦纱厂（即新怡和）、怡和纱厂（即老怡和）两个纱厂 1 万多名工人要求增加工资的罢工。罢工遭到了巡捕房的严厉镇压，但工人团结起

———————————

① 李汉俊：《工人如何对付米贵？》，《劳动界》1920 年 10 月 3 日第八册。

来，万众一心，最终厂方答应，如工人每天日夜出纱 1.5 磅即发奖金，并加工资一成。陈独秀在 10 月出版的《劳动界》第 6 期上发表了《无理的要求》一文，声援杨树浦的三新纱厂工人罢工，指出三新纱厂工人罢工其实是"分所当然"的事。《劳动界》第 22 期发表《1920 年上海底劳动运动大事记》，指出这一年来，罢工竟共有 40 次。

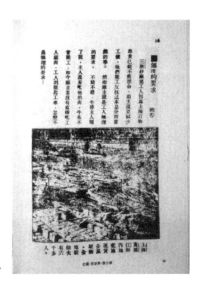

陈独秀在《劳动界》发表的文章《无理的要求》

以上诸多轰轰烈烈的罢工运动深深震撼了年轻的张佐臣。他有时跟随着堂叔参加同乡会的聚会，工人们聚集在一起谈论起自己厂里的罢工运动。有的说："罢工，罢就好了！5 月头上大米 6 块一石，6 月份就出 10 块以外，每天做 10 个钟头的工就两三角，隔壁那老杨带着老妈妈，眼睛都快饿瞎了。横竖都是一个饿，迟早都是一个死，还不罢工，等到什么时候？"有的说："有几个软骨头想做工，我们就砸了电灯，让他们做不成！非让老板加钱不可！就那几个警察，能拿我们怎么办？"工人们越说越慷慨激昂。惨痛的事实让张佐臣的心底燃起愤怒的火焰，他为工人们的悲惨遭遇感到气愤、不平，他边听边想象着自己白天在厂房门口呼喊的景象，感觉浑身都要燃烧起来。"小娃，喊你去，你敢吗？"旁边的工友朝嘴唇上刚刚长出绒毛的张佐臣打趣道。"敢！有什么不敢的？他们欺负我们，我们就要还回去！"张佐臣想也没想就脱口而出。"好，说得对！拳头在我们自己身上，凭什么我们就得受欺负？"工友们都纷纷开口赞扬，主持的几位长辈也向张佐臣投来赞赏的目光。

在这种氛围中，作为纱厂工人的张佐臣，阶级意识和斗争水平日渐提高，革命的种子逐渐在自发斗争中萌芽。他跟堂叔一起在各个纱厂中走动，一有活动就四处奔走联络，帮助同乡会的工友们抄写口号、横幅，还靠自己的身高把横幅举得高高的。久而久之，大家都知道了有那么一个"娃娃"，他那年轻活跃的身影就像是一团不断跳动的火焰，在黑暗的工棚区、车间里，四处留下明亮的印记。在帝国主义、资本主义和封建主义的多重压迫下，张佐臣内心早已被激发起坚定而彻底的革命信念，这为日后革命力量的凝聚播下了种子。许多像张佐臣一样的工人已意识到工人阶级的利益以及建立组织的迫切需求，这预示着上海工会组织的种子即将破土而出，工人阶级即将在政治舞台上大放异彩。

三、进德会里受启蒙

1924 年 5 月，中国共产党第三届中央执行委员会第一次扩大会议提出，工人阶级是"我们党的基础"，当务之急是不断地在产业工人中成立"工会的组织"。①会议同时要求，在暂时不能组织工会的区域可以组织互助组、俱乐部、合作社和普通（或技术）教育学校等。②

这个时期，中国共产党通常先以国民党的名义开办平民学校或劳动实习学校，在此基础上成立工人俱乐部等具有过渡性质的工会组

---

① 《工会运动问题议案》，载中共中央文献研究室、中央档案馆编《建党以来重要文献选编（一九二一—一九四九）第二册》，中央文献出版社，2011，第 64—68 页。

② 《工会运动问题议案》，载中共中央文献研究室、中央档案馆编《建党以来重要文献选编（一九二一—一九四九）第二册》，中央文献出版社，2011，第 64—68 页。

织，然后再成立正式的工会组织。①曾任中华全国总工会秘书长的邓中夏回忆道："在上海，我们曾用国民党的名义，在杨树浦、小沙渡、吴淞、浦东等处开办工人补习学校，这种工人教育运动，的确给了我们公开工作的可能，找出不少线索，于是不久就成立了工人团体。"②

早在19世纪60年代，苦难深重的杨树浦工人就开始了英勇的反抗斗争，主要是反抗资本家和政府官僚的残酷剥削与压迫，要求提高经济待遇，改善工资水平。1919年五四运动爆发后，杨树浦工人与全上海其他工人一起在"内除国贼，外争主权"的口号下群起奋斗，由过去的经济斗争开始转向反帝反封建的政治斗争，掀起了前所未有的罢工运动高潮。1920年8月，上海共产党早期组织成立，把启发工人阶级觉悟、开展工人运动作为重要任务。

1920年初，陈独秀③委托李次山调查上海工业情况。同年5月，《新青年》"劳动节纪念号"刊出李次山的《上海劳动状况》一文。文中写道："上海工业的发达，在我们国内，要称第一，近来

---

① 中共上海市委组织部、中共上海市委党史征集委员会、中共上海市委党史研究室、上海市档案馆编《中国共产党上海市组织史资料（1920.8—1987.10）》，上海人民出版社，1991，第31页。另见中共上海市委党史资料征集委员会主编《中共上海党史大事记（1919.5—1949.5）》，知识出版社，1988，第62页、第73—74页。

② 邓中夏：《中国职工运动简史（1919—1926）》，人民出版社，1953，第121—122页。

③ 陈独秀（1879—1942），安徽怀宁（今属安庆市）人。1915年9月，在上海创办并主编《青年杂志》（后改名为《新青年》）。1918年12月与李大钊等创办《每周评论》。陈独秀积极提倡民主与科学，提倡文学革命，反对封建的旧思想、旧文化、旧礼教，成为新文化运动的倡导者和主要领导人之一。1919年五四运动后期，他开始接受和宣传马克思主义思想。1920年，在共产国际的帮助下，他发起成立上海共产党早期组织，后又成为中国共产党的主要创建人之一。从党的一大到五大，陈独秀被选为中央局书记、中央执行委员会委员长等，是中国共产党早期的主要领导人之一。

杨树浦一带，可称为工业社会，每天早晨和晚上，马路上都是手里提着饭篮、来来往往上下工的人。"同期还刊登了陈独秀撰写的《上海厚生纱厂湖南女工问题》一文，文章指出：女工每天工作12小时，每月工资约8元，以上海的生活程度，不至冻饿而死罢了。穆藕初先生一年的净利是所有工人工资的两倍多，工人剩余工值都被资本家——股东用红利的名义抢夺去了，工人照例得不到分毫。马克思说这是剩余价值，都应该分配给工人。

1920年5月1日发行的《新青年》第7卷第6号
（"劳动节纪念号"）

在这来来往往上下工的人群中间，就有张佐臣的身影。初到上海时，他寄宿在堂叔家里。不久后，因为找到了大康纱厂的工作，他便搬到了集体宿舍。不过每逢休息的时候，他总要到堂叔家里走一走，吃个便饭。这时候，他还没接触到共产党人的马克思主义观，有的只是解决温饱问题的想法。他不时遭到工头、买办、帮会头头的盘剥和勒索，生活上很是拮据。当时张佐臣年纪尚小，纱厂里的几个工头认为有机可乘，于是常常以各种理由克扣张佐臣的工资，他们有时候让他去门口做记工员的工作，稍有不满就把张佐臣赶到车间里劳作。张佐臣并没有连续承担记工员的任务，因此工人们上工的时长常常被误记和漏记，但这并不是他造成的。然而，工头们却以此为要挟，时不时地把漏记的工时算在张佐臣的头上，借此克扣和勒索。张佐臣满心怒气，可是也不敢发作。在这个弱肉强食的世界，万恶的资本主义工头和买办只需要一句话，就可以让你走人。相较于两头受气的记工员工作，张佐臣更喜欢和工友们待在车间里劳作。他常常对工友说："靠劳动吃饭，天经地义。"不仅仅是在工厂里面，下了工，张佐臣去街上买东西的时候，也常常遭到地痞流氓的骚扰。在上海滩，帮会和行业组织（会馆）是建构起上海社会运营模式的主要组织。每次张佐臣上街的时候，总有几个"管片"的青帮流氓过来威胁和恐吓他，要求张佐臣上交保护费或者加入青帮，否则就要动手打他。对此等人，张佐臣既不交钱也不入会，从来都是一句话："要钱没有，要命一条。"青帮流氓看他油盐不进、软硬不吃，就常常找他的麻烦，有时还动起手来，张佐臣丝毫不怕他们，每次都还手，虽然他也常常挨打受伤，但他总是一个人默默承受着，几乎不和别人讲这些事。

张佐臣的拮据与窘迫，便是广大杨树浦工人生活的缩影。20世纪20年代，杨树浦地区工厂鳞次栉比，厂房连墙接栋，产业工人集中，已形成一个以纺织、卷烟、机器、造船为主体，包括水、电等市政公用事业的综合工业区，工人阶级队伍也随之发展壮大，总数达 20 万人。在半殖民地半封建的旧中国，工人不占有任何生产资料，而是依靠出卖劳动力为生，他们深受帝国主义、封建主义、官僚资本主义的三重压迫与剥削。当时，杨树浦有一句俗语："若要苦，杨树浦。"它深刻揭示了杨树浦工人苦难的生活境遇，特别是纺织工人所受压迫、剥削的严重性和残酷性。杨树浦地区尖锐的阶级矛盾，逐渐成为大规模工人运动爆发的导火索。

1920 年秋，陈独秀派李中到条件成熟的杨树浦筹组机器工会，且亲自参与筹组工作。1920 年 10 月 3 日，新渔阳里 6 号的外国语学社召开了上海机器工会发起会，到会的工人有来自海军造船所、杨树浦电灯厂的，也有来自厚生纱厂、东洋纱厂、恒丰纱厂的，约莫 70 人。陈独秀说："现在世界的工会只有三个团体很有势力。第一就是矿工，第二就是铁道工，第三就是机器工。这三个团体要是彻底联络了，那就社会上一切物件，都要受它的支配了，就连政府也不得不受其支配。""希望这个工会到明年今天，就有几千或几万的会员，建立一个大力量的工会。"[①]1920 年 11 月 21 日，由中国共产党领导、第一个完全由工人组成、真正代表工人利益的新型工会——上海机器工会在杨树浦诞生。上海机器工会是上海共产党早期组织领导建立的第一个工会组织，它是中国第一个真正具有阶级

---

① 《上海机器工会开发起会纪略》，载《劳动界》第 9 册，1920 年 10 月 10 日。

性和群众性的工会组织。①

杨树浦地区工人居住的茅草房

上海机器工会的成立，使上海工人运动的面貌焕然一新，在社会各界特别是在工人中引起了很大反响，甚至还引起了国外工人组织的关注。它的成立，标志着党在领导工人运动方面由宣传教育进入有计划地组织工人的阶段，也就是将理论付诸实践，同时也标志着党的早期组织对工人运动的领导力的进一步加强。在这一阶段，陈独秀建议工人只进行争取改善生活和建立工会的斗争。②陈望道也曾指出："初期的工运，主要是启发和培养工人的阶级觉悟，支持他们搞经济斗争。"③

---

① 何立波、宋凤英：《上海机器工会与中国共产党早期工人运动》，《上海党史与党建》2021 年第 6 期。

② 中国社会科学院现代史研究室、中国革命博物馆党史研究室选编《"一大"前后：中国共产党第一次代表大会前后资料选编（三）》，人民出版社，1984，第 160—161 页。

③ 陈望道：《回忆党成立时期的一些情况》，载中国社会科学院现代史研究室、中国革命博物馆党史研究室选编《"一大"前后：中国共产党第一次代表大会前后资料选编（二）》，人民出版社，1980，第 22 页。

在上海机器工会成立后不久，1921年7月，中国共产党召开了第一次全国代表大会，中国共产党正式宣告诞生。中共一大通过的《关于当前实际工作的决议》规定了党在当时的中心任务，即组织工人阶级，加强对工人的领导，注意在工人和其他劳动人民中发展党员，在反对军阀官僚的斗争中，维护无产阶级的利益。组织和领导工人运动成为党的中心工作。1921年8月，中国劳动组合书记部在上海成立，在全国总工会成立前，中国劳动组合书记部将作为全国工人组织的总通讯机关进行活动。

上海机器工会旧址

中国共产党的成立使广大的工人阶级、农民阶级等无产阶级群体有了主心骨，有了领导他们奋斗的先锋队。然而，早期的党员一共只有50多人，且大多数是知识分子出身，善于读书写作而不善于劳动工作，因此想要发动工人举行罢工运动，需要广大党员弯下腰去，积极学习工厂里的机器的工作运行，了解掌握工人们的心理活动和想法。因此，邓中夏特地去了北京郊区的长辛店工厂，以补上"工人"的这一课，李立三等则在安源路矿进行深入工人群体的工作，积累相关经验。

1922 年，浦东日华纱厂和英美烟厂的工人联合罢工失败后，上海工人运动首先进入消沉期。在中外反动派制造的白色恐怖下，由共产党建立或者受党的影响的革命工会，大多数遭到封闭和摧残，有的几乎消失；有的变换形式，转入秘密状态。据邓中夏回忆，当时"在上海方面，我们只有一个印刷工会，一个机器工会俱乐部和一个金银业工人俱乐部，后来成立了一个店员工会，人数却是很少"[①]。1924 年 5 月，中国共产党第三届中央执行委员会召开扩大会议，上海地区党的地方执行委员会做了自我批评："上海处于全国最重要地位，工人至少总有四五十万，就是新式产业下的工人，也有二三十万，而工人运动这样没有成绩，这是我们上海同志最说不过去的一件事。""上海是最受帝国主义压迫的地方，而工人群众又是这样庞大复杂，自然决不是少数没有经验的同志所能够做得起来的。我们希望中央能在别处多调几个有经验的同志来，或者特别训练一般同志出来做这上海工人运动，同时我们上海也须有一部分同志来学着同做，这是我们上海地方急切的要求，而且是不得不如此的要求！"[②]上海需要真正有工人运动经验的同志过来。于

---

① 邓中夏：《邓中夏文集》，人民出版社，1983，第 525 页。

② 《上海地方报告》，载中共中央文献研究室、中央档案馆编《建党以来重要文献选编（一九二一——一九四九）第二册》，中央文献出版社，2011，第 39 页。

是，李立三于 1924 年春被中共中央调来上海，担任中共上海地方执行委员会工农部主任兼工会运动委员会主任。①

李立三在五四运动后曾赴法勤工俭学，在钢铁厂翻砂车间当学徒工。1920 年，法国工人运动高涨，李立三参与了法国共产党组织的一次大罢工，并在广大华工中开展接受马克思主义学说、树立马克思主义世界观的宣传活动。1920 年 2 月，李立三与蔡和森、李维汉等人成立了"工学世界社"，又于 1920 年底与赵世炎等人一起组织了留法中国工人学生中的第一个共产党早期组织，在华工中间努力开展工作，组织夜校、定期出版刊物、成立华人俱乐部。1921 年 10 月，李立三受法国当局迫害，被遣送回国。李立三抵达上海后，党中央立即把李立三吸收为中共党员。入党后，受中共中央委派，李立三前往湖南最大的工业中心萍乡煤矿，在矿业工人中开展工作，发动工会运动。

在安源，李立三创办了工人补习学校，将文化教育与马克思主义宣传结合起来，启发工人的斗争意识，并在工人中建立党、团组织。1922 年 2 月，中共湘区最早的产业工人支部——中共安源路矿支部成立，李立三任书记。5 月，安源路矿工人俱乐部成立，李立三任主任。9 月 12 日，他主持召开安源支部会议，成立罢工指挥部，并担任总指挥。他和刘少奇一道，采取正确罢工策略，领导安源大罢工取得完全胜利，提高了党组织在工人群众中的威信，扩

---

① 陈卫民：《李立三与上海工人运动》，《史林》1997 年第 2 期。

大了党的影响，推动了全国工人运动的开展。这次罢工，是中国共产党第一次独立领导并取得完全胜利的工人斗争。李立三不惧暗杀威胁，坚决站在斗争第一线，为罢工胜利做出了重要贡献。从此，他的一生便与中国工人运动紧密相连。

1923 年，李立三出任中共武汉区执行委员会委员长。1924 年，李立三由于工作出色，被组织安排到工人最集中的上海领导工人运动。李立三到任后，与上海的邓中夏、项英等人一起，立即为上海工人运动扎扎实实地展开工作。首先便是创办平民学校、职工夜校。当时正值国共合作形成时期，李立三、邓中夏等就抓住机会，开展平民教育活动。他们以环球学生会和上海大学的名义成立了上宝平民教育促进会，以此合法机关为基础进行活动，逐渐在沪西、沪东、吴淞、浦东、闸北、南市、虹口等区办起了职工夜校。

设在韬朋路（今通北路）惟兴里 900 号的杨树浦平民学校

沪西小沙渡和杨树浦一带是上海工人最集中的地方，两地光纺织工人就有 10 多万人。1924 年 9 月，李立三、邓中夏等根据党的最新工作指示，参照以往组织工人运动的经验，在上海成立了沪西工友俱乐部。沪西工友俱乐部是中国共产党以公开合法的形式，在纺织工人中建立起来的第一个工人团体，它以"互相帮助，共谋幸福"为号召，把广大纺织工人团结在自己周围。[①] 沪西工友俱乐部的工作方针，是运用宣传工作来开展组织工作。开设工人识字班、文化补习班、讲演会等都算作宣传工作。

工友俱乐部这块招牌挂出之后，很快就在沪西工厂区传开了，很多工人陆续来到沪西工友俱乐部打听，有的询问俱乐部有什么作用，有的询问参加识字班或补习班的手续，有的想找俱乐部的人谈天。俱乐部的负责人叫刘华。刘华，原名刘炽荣，字剑华，生于 1899 年，四川宜宾人。1923 年 8 月入上海大学附中半工半读，担任上海大学附中社会主义青年团支部书记，后升入上海大学并加入中国共产党，是学生身份的上海工人运动领导人。[②] 1924 年秋，根据组织安排，刘华在工友俱乐部担负主要责任人，处理一切事务。他清早就来到俱乐部，深夜才离开俱乐部，返回他的住处休息。

---

① 钟桂松：《钟桂松文集 第十卷：张琴秋传》，浙江教育出版社，2022。
② 胡申生：《从上海大学（1922—1927）走出来的英雄烈士》，上海大学出版社，2020，第 141 页。

刘　华

由于俱乐部的宣传工作做得好，主动请求加入俱乐部的人一天天增多。位于同兴纱厂的几个由党组织成立并领导的俱乐部小组，不到40天，就吸引了300多名纱厂工人秘密加入。内外棉四厂、内外棉九厂和日华纱厂等日本纱厂也都陆续组成了俱乐部小组。中国资本家办的几个纱厂也有少数工人秘密参加了俱乐部。到当年底，在短短的3个多月时间内，有19个纱厂建立了俱乐部的秘密组织，俱乐部会员将近2000人。

上海地区的党组织在进行宣传和组织工作的同时，还从俱乐部会员活动分子中挑选了一批骨干特别加以培养，其中的主要成员，如同兴纱厂工友郭尘侠、李振西、韩阿四，内外棉三厂工友陶静轩，内外棉五厂工友王有福，都是后来上海工人运动中的中坚分子。培养工人骨干分子的工作是专由项英直接负责的。项英分批、分组集合骨干分子谈话、开会、耐心教育，传授爱国、争取人权、争取生活福利的相关知识，提高了工人的阶级觉悟。俱乐部成立后，同志们积极地采取多种形式，在工人中开展活动，不拘场地，不拘形式，开设工人识字班、文化补习班，免费教工人识字。俱乐部的老师大多是活动较频繁的上海大学的师生。1922年10月，国共合作创办的上海大学与工厂聚集区的平民学校、工人夜校关系非常密切。"上大师生积极深入杨树浦、民智等平民学校……为宣传马克思主义思想和启发阶级觉悟作出贡献。"[1]杨树浦平民学校创建于1924年6月，上大学生张琴秋担任校长，学生多为各纱厂的工人，分为男工部与女工部……并发表特刊《平民声》，是中国共产党在沪东创办的一所面向工人的学校。[2]在这里，张琴秋先后介绍了周月林、薛映华、朱秀英和王根英四位纱厂女工入团。1924年秋，张琴秋离开平民学校后，由王亚璋接替她的工作。[3]另外，共产党人李立三、邓中夏、刘华、项英、蔡和森、恽代英、杨之华等都曾到俱乐部教书和演讲，利用上课的机会深入浅出地向工人们宣传革命的真理。

刘华还把宣传范围从俱乐部扩展到厂门口。当时，小沙渡一带有11家日本内外棉纱厂，他常常在清晨四五点钟就带着一条长板凳等候在纱厂门口，向上工的工人们演讲。在他的宣传下，参加沪

[1] 王君峰：《1920年代上海大学的马克思主义传播阵地——以平民学校与工人夜校为视角》，《黑龙江史志》2013年第4期，第65页。

[2] 《中国共产党杨浦（沪东）史》编纂委员会编《中国共产党杨浦（沪东）史：1921—1949》，上海人民出版社，2011，第28页。

[3] 《中国共产党杨浦（沪东）史》编纂委员会编《中国共产党（沪东）史》：1921—1949），上海人民出版社，2011，第28页。另见桐乡政协文教卫体与文史委员会：《张琴秋纪念文集——五卅老工人周月林回忆张琴秋》，第44页。（内部资料）

西工友俱乐部的工人越来越多。短短 3 个月内,沪西工友俱乐部已在 19 个纱厂(包括日商厂和华商厂)中建立了秘密组织。俱乐部成员们努力团结一切可以团结的力量,壮大自己的队伍。很多工友,如内外棉十五厂的陶静轩、内外棉五厂的戴器吉,在俱乐部如饥似渴地学习文化知识、吸收革命道理,学了以后又回厂宣传,在工人中树立了一定的威信。他们先后加入共产党,建立和扩大了小沙渡党小组,成长为杰出的工人领袖。在邓中夏等人的领导下,沪西工友俱乐部在上海工人运动史上起到了极为重要的作用,是共产党对纺织工人进行马克思主义启蒙教育的大课堂,是共产党领导工人进行斗争的场所。茅盾回忆:"沪西工友俱乐部逐渐成为沪西工人运动的一个中心。"①

沪东工人进德会旧址

① 茅盾:《我走过的道路(上)》,人民文学出版社,1997,第 285 页。

与沪西工人俱乐部遥相呼应的是杨树浦地区的沪东工人进德会。1924年下半年，在党组织的领导下，蔡之华等同志在杨树浦眉州路603号厚生纱厂后面的一个平民学校的基础上，办起了沪东工人进德会，蔡之华任会长。蔡之华，1898年1月出生于湖南省岳阳市华容县胜峰乡（现章华镇），1920年赴法勤工俭学，1922年加入旅欧中国共产主义青年团，次年加入中国共产党。1923年冬，赴苏联莫斯科东方劳动大学学习。1924年秋归国后，在上海从事工人运动。在沪东工人进德会，蔡之华结识了张佐臣，从此成为张佐臣的良师益友和革命领路人。

沪东工人进德会内设有阅览室、娱乐室和平民学校，广泛吸引了工人群众参加各种活动，进德会成员们就利用这个阵地向工人宣传革命道理。此外，李立三回忆，他每个星期都会到各地的进德会等工人学校里上一次课，当时每个地区有一个平民夜校，然后再将其发展为工友俱乐部（也有叫工人进德会的），李立三每个星期都会到这些地区去上课一次。[1]这时，附近纱厂工人就成群结队地到工人进德会听讲演，看话剧。他们中间有一个年轻的身影，就是大康纱厂的工人张佐臣。

张佐臣之前在平湖老家的时候念过几年私塾，这在贫苦工友中间是少有的。作为纱厂里为数不多的"识字人"，他自然希望有学校能够面向工人群体提供教育服务。由于家境困难，他早早结束了

---

① 中共中央党史研究室第一研究部编《李立三百年诞辰纪念集》，中共党史出版社，1999，第324页。

学业，现在又有了学习的机会，张佐臣当然倍加珍惜，几乎每次必到夜校听课，即便没有时间也挤出时间来，如果和上班时间冲突，他就和其他工友换班，争取不落下每一节课的学习。在平民夜校里，张佐臣认真听讲、做笔记，学习和抄写最新的科学文化知识，并在政治上开始有所觉悟。张佐臣底子较好，又奋发图强，一开始就是进德会里的积极分子。勤奋好学的他还带着与他关系较好的工友一起来听课，接受宣讲，为工人夜校的组织运作贡献自己的力量。在上海，不同的行业组织中都设立了不同类型的工友俱乐部，张佐臣还常常抽出时间，跟着讲师们的脚步和节奏，到其他工厂区去听课，并把在不同外资、不同机器的工厂区中的所见所闻带回杨树浦，讲给沪东工人进德会的纱厂工友们听。在张佐臣的积极动员下，大康纱厂的工人争相报名，踊跃参加沪东工人进德会。

不多时，沪东工人进德会就发展了会员 1100 余名，25 岁以下的青年会员有六七百人，其中女工占 1/6。到了 11 月，沪东工人进德会在工人中发展党员 8 名，团员几十名。这些党团员、工会会员像红色的种子一样播撒到各处。进德会会员分布的行业很广，有纱厂、电灯厂、自来水厂、铁工厂、电车公司等的工人，还有店员和海员。工会的会员们在各行各业活跃和行动，为以后的工作奠定了良好的基础。

他们经常在沪东各纱厂中散发传单，向工人进行宣传，并以话剧等形式吸引工人参加活动。有日商裕丰纱厂的工人看到进德会的传单后，深感传单上的内容说出了他们的心里话，就特地去进德会要了一批宣传单回厂散发，受到了纱厂工人的极大欢迎。之后，裕丰纱厂的工人每逢假期，就三三两两地到进德会去玩，在那儿听演讲或看话剧。蔡之华等人向他们宣传工人如何受资本家压迫和剥削，并讲述工人团结起来有力量等道理，启发工人的觉悟。

沪东工人进德会成立后，很快就成为广大工人学习、进步、启发心智的精神家园。丰富的授课形式、通俗易懂的解说方式，在工人中引起了共鸣。慢慢地，许多工人的心理开始发生变化，他们不再甘于受资本家的剥削和奴役。

四、阶级意识初觉醒

　　甲午战争爆发前后，中国纺织工人人数为5万人，占全国产业工人总人数的1/3。到了1911年，纺织工人人数为17.5万人，约占当时全国产业工人总人数的30%。又经过短短8年的发展，到1919年五四运动爆发时，中国纺织工人人数达到42.6万人，约占当时全国产业工人总人数的16%，纺织工人已成为中国无产阶级重要的一部分。到20世纪20年代中期，上海的80万产业工人中，20多万是纺织工人，人数达到了当时全中国纺织工人人数的一半左右。此时的上海，正处于日商纱厂大规模扩张的时期，特别是在杨树浦周围，陆陆续续出现了相当多的日资纱厂，车间楼房林立，机器之声不绝。经由工头们招工，为了生计而来的纱厂工人们呈几何级数增长。工人越多，劳动成果就越多，产量也就越高。资本家们赚得盆满钵满，却丝毫不顾及工人们的生存状况。为了提高产量以和其他资本主义强国竞争，日本纱厂老板疯狂压榨纱厂工人。高强度的劳动、长时间的工作，使得纱厂车间的底层工人过得连牛马都不如，他们的自由权、休息权统统被剥夺，加之每日遭受领班和工头的殴打和辱骂，完全丧失了做人的尊严。

当时，大康纱厂领班以上的管理人员全是日本人，对中国工人极为野蛮残暴，工厂劳动条件又十分恶劣。1931年，一项针对上海棉纱厂的调查称，有些纱厂的温度、灰尘超出了许可程度[1]，对工人的身体造成了损害。纱厂周围的卫生条件也很差，常常臭气熏天。为了生产的需要，车间的热水基本上处于沸腾状态，使得温度、湿度都比室外高。由于室内通风不畅，室温又高，一些工人不堪工作劳累，经常出现晕厥的情况，有的甚至在下班回家的途中倒地身亡。工厂劳动中，女工在劳动时间上与男工相同，都为10—12小时，甚至女工们在怀孕、哺乳、生病时也难以获得必要的休息时间。这些非人的剥削劳动，使得工人们对日本帝国主义仇深似海，反抗情绪尤为强烈。

每每目睹这些事，张佐臣的心总是隐隐作痛，他不明白为什么这些工人会遭受如此非人的待遇，心中总是感到不平。他心中总是

---

① 罗苏文：《上海传奇——文明嬗变的侧影（1553—1949）》，上海人民出版社，2004，第271页。

有一团火，感到自己有责任去帮助他们改变这些现状。可是，在工厂做工的大部分工人只会默默忍受，不知道反抗，也不知道如何去争取权利。面对资本家对他们的剥削和迫害，他们不但不反抗，反而生怕得罪了工头，会无缘无故被开除，在大部分情况下忍气吞声。虽然张佐臣做的是记工员的工作，可是日本老板和工头们仍然不会让他在记完工后闲着。写好花名册后，他便会被赶到车间去上工，因此他很能感受工友们的艰辛。有一次，一位上了年纪的工友老大哥，可能是因为前一天晚上没有睡好，在上工时匆匆忙忙赶来，但还是迟到了，后面进到车间，也不像平时那样精神振奋，而是不停地打瞌睡。张佐臣看到这种情况，急忙到车间里来提醒他：如果实在困得不行，可以请个假先回家睡觉，不能硬撑着。结果这位老大哥感谢了张佐臣的好意，但表示养家糊口不容易，能上一天工就先上一天，至少可以赚一天钱。张佐臣无奈，只好在工作时处处留心和提醒这位老大哥。可是，不幸的事还是发生了：老大哥实在困意难熬，就在机器旁边稍稍打了个盹，谁知造成了机器运转故障，导致好几捆棉纱成为残次品。这件事情很快被巡逻的工头发现了，工头不由分说就把这位老实憨厚的工友一脚踹倒，并且破口大骂，一边打骂一边又指挥其他的工人过来修理机器。工友老大哥也一个激灵清醒了过来，跪在地上向工头连连道歉，希望工头可以原谅他这一次，可是残忍凶狠的工头却根本不为所动，向日本主子上报了损失，并按厂规要从老大哥的工资里扣下所有的物资赔偿金额。结算下来的赔付数额是这位老大哥好几个月的工资。这位本分的大哥一听，顿时感到天旋地转，晕厥了过去。而毫无人性的日本领班只是挥挥手，让张佐臣他们把他抬出去抢救。张佐臣第一个冲了上来，把老大哥扶起来轻声呼唤，并招呼了几个年轻的工友先把老大哥抬到室外，灌了一些提神的中药，老大哥这才缓缓地醒了过来。张佐臣很不解地问道："为什么不回家休息呢？像刚才那样做工，机器运转无情，很危险啊！"老大哥有气无力地摆了摆手，说："你还年轻，不懂。昨晚家里小孩发高烧，折腾了一夜才好，没想到今天又毁了纱子。唉，苦啊！"说完就流下泪来。张佐臣见此情景，心头一酸，眼眶也湿润了，像老大哥这样的好人，为了一家人有口饭吃，做着工资微薄的工作，甚至要给工头连连下跪磕头求饶，逆来顺受，这实在是让他愤愤不平，但却无处发泄。这样的工友还有很多，他们承受着家庭的重担，任劳任怨，不敢反抗，这都让张佐臣感到十分心疼。

工人们反抗斗争意识薄弱，很大一部分原因是他们受教育程度不高。这些资本家的工厂用在工人们身上的书报费极少，就50家计算，每家每年平均下来，仅有4分。[①]教育费也很少，50家的教育费，平均每家仅为5角9分，与其他杂费比较，差距极大。[②]男工中一字不识的占一半，女工则更多，工人的文化程度非常低。例如，在日商内外棉七厂里，男工为700多人，能够稍稍认得几个字的还不到一半，其中能勉强看报的不过十几人。女工有3000多人，

---

① 李文海主编《民国时期社会调查丛编（乡村社会卷）》，福建教育出版社，2005，第251页。
② 李文海主编《民国时期社会调查丛编（乡村社会卷）》，福建教育出版社，2005，第252页。

能识字的只有 50—60 人，其中能够看报的也只有极少数。当时，读过《三字经》《百家姓》《千字文》的便是出类拔萃的。^①据统计，在 2405 家工厂中，只有 50 家有名义上的书报室或有少数图书、报纸等供工人阅读。普通工厂内有工会的，工人常在工会读报，少数工厂也订有报纸，有一两家工厂会不定期出版壁报。但大多数情况下，工人只是封闭在自己的工厂环境中，仅能通过口头交谈来了解社会信息。因此，要改变这种情况，让工人们有表达自己诉求的能力，就需要有一个传递信息、传播新思想的平台。沪东工人进德会的成立便为工人搭建了这样一个平台，也为工人反抗资本家做了知识上的储备和思想上的铺垫。

沪东工人进德会成立后，经常组织党员和积极分子前往大康纱厂等工厂散发传单，给工人上课，开展宣传活动。作为负责人的蔡之华经常去给工人上课。去上课的还有吴先清、陈竹山等共产党人。他们自编教材，在教材中写道："上学校，念念书，农工不是生来粗。""富人坐在家中吃鱼肉，农工劳动做工喝粥；富人哈哈笑，农工个个哭；不分东西和南北，富人笑，穷工哭。"通俗易懂，道理深刻，工人群众很容易接受，起到了很好的教育效果。全国各地曾经爆发过的工人罢工运动，这些铁路工人、煤矿工人的运动经过、斗争方针，也是他们给工人授课的重要内容。

进德会在宣传的时候，考虑到工人受教育程度和思想觉悟的差

---

① 《上海纺织工人运动史》编写组编《上海纺织工人运动史》，中共党史出版社，1991，第 53 页。

异性，有针对性地采用了不同的教育方式，向大众传授文化知识。如开办适合中低层次工人需求的故事班，用讲故事的形式宣传革命道理。针对中老年人爱好下棋的特点，进德会便组织棋类活动，吸引上了年纪的工人前来参会，在下棋的间隙和围观者们的休息时间，抓紧机会给他们讲述工人运动多种多样的斗争方法和引人入胜的革命故事，鼓舞工人同旧的剥削制度斗争，这种富有个性而通俗的宣传方式深受广大工人的欢迎。

到进德会学习以前，张佐臣只知道这个悲惨苦难的旧社会终有一天会被推翻，但是他并不知道会是谁来带领他们取得新的社会地位，也不清楚当时社会上的矛盾斗争发展到了何种程度。到进德会学习以后，张佐臣不但提高了文化水平，而且受到了革命思想的启蒙。每当有上海大学的老师和学生以及在上海工作的共产党人来进德会联系工人群众、义务讲课的时候，张佐臣总是最早来、最晚走，与每一位教员都做深入的交流和谈话。在他看来，大学里的知识分子都是高级人才，是有着极高文化修养的人，这些人愿意到这种又脏又乱的环境中来，就说明他们这些人一定是超脱于庸俗金钱观念、摒弃了固有传统观念的高尚的人，肯定是来为工友们伸张正义的。

后来，了解得更多以后，他才知道，他们都是青年团员或共产党员，都信仰马克思主义和共产主义。而组织教学的共产党人讲的往往都是国内其他地方的工人进行斗争的故事。对于张佐臣来说，这些地方和工厂他虽然从来没有听说过，也没有去过，但是在听故事的过程中，他感到这些故事好像就是在讲他自己、讲他身边痛苦挣扎的这些工友们。比如，李立三在讲到安源大罢工时，就说道："煤矿的工人是做黑生意的；纱厂的工人，是做白生意的。一个挖煤、一个纺纱，可是受到的苦累是一样的。煤矿工人在暗无天日的地底下，没日没夜地干，整天整夜都不休息，连口水都没得喝，可是工钱却少得可怜。我想，在外国人的纱厂里做工，大家肯定也一样。"不等李立三说完，张佐臣的眼睛里就迸发出火焰般的光芒，他随即就站起来大声讲道："可不是吗！日本资本家欺压我们，中国资本家也欺压我们，难道工人们就是牛、就是马，生来就是牲畜的吗？我看不是这样的。我们都是人，都有休息的权利！"李立三点点头，表示赞许，接着说道："这位小兄弟就讲得很好。工人兄弟们，我们确实可以跟他们斗，湖南的工人、北京的工人都敢和他们斗。只要我们敢于斗争，就一定能够取得最后的胜利。"随后，他在墙上给大家画其他地区工人开展罢工运动的情况，并给大家讲解。课后，他又单独和张佐臣谈话，并送了张佐臣许多党内文件资料和报刊，希望他能够依靠自己的文化学习能力，认真学习、阅读。

在一名又一名共产党员的悉心指导和谆谆教诲下，张佐臣在政治上快速成熟起来，革命思想也受到了很大的启发，他开始从思想上和行为上逐渐向共产党人的队伍靠拢。张佐臣积极参加沪东工人进德会的各种活动，善于学习，敢于创新，回到工厂后他就在大康纱厂秘密地举行小规模工友集会，认真劝说同厂工友们学习知识、多方活动，张佐臣因此逐渐成为该厂工会的最早发起者和组织者。

在沪东工人进德会开展工作的吴先清是浙江临海人，她是一位著名的红色谍报战士。吴先清小时候，父母经营着一家糕饼店，她是家里唯一的女儿，性格活泼开朗，深受父母的宠爱。她从小就要强，有主见，不裹小脚，喜欢上学念书。上学后，她不顾父母的反对，跟着哥哥来到杭州，考入浙江省立女子蚕业讲习所。她思想活跃，1919年带领同学投身五四运动，被选为蚕校学生代表，率领同学上街游行。1920年夏，吴先清蚕校毕业，进入杭州私立美术学校习画，开始与画做伴，也因画与宣中华结缘。宣中华是当时杭州著名的学生运动领导者之一，是浙江省暨杭州市学生联合会执行部理事长。1924年，吴先清在宣中华的介绍下，加入了中国共产党，后与宣中华结婚。1924年下半年，吴先清到上海工人补习学校教书，在沪西、沪东区开展工人运动、妇女运动，活跃于曹家渡、小沙渡一带，积极参加五卅运动。1925年8月，吴先清任中共上海区委妇女委员会委员。次年，吴先清就应上海党组织的要求，到苏联莫斯科东方劳动者共产主义大学学习。

吴先清等共产党人还不辞辛劳日夜奔走，广泛深入各工厂区和居住区，访贫问苦，扎根串联，经常有工人来找他们反映问题，有时候他们饭都没有吃完就被工人找走了。当时杨树浦工人居住区以高郎桥为轴心。高郎桥在近代上海是一个不起眼却很有特点的居民区，它位于黄浦江下游支流杨树浦港与周塘浜交会处，也是地跨租

吴先清

界与华界、市郊两治的接合点。^①高郎桥地区是以棉纺织工厂区为轴心、以女工职业群体为主体、以棚户简屋为主的棉纺织工人聚居区，三者互为依存，形成结合紧密的综合体，也是近代杨树浦工业区的一个低消费区，这里聚集着以5000余名棉纺织女工为主要代表的低收入职业群体。沪东纱厂的旧工厂一般建于20世纪10—30年代，主要分布在大型纱厂附近的杨树浦路、平凉路、军工路、定海路、隆昌路、长阳路、许昌路等处。^②在旧工厂改造为宿舍的情况下，这些房屋一般有自来水、电灯，而且面向底层工人，房租低廉，入住者是纱厂职工家庭，部分工房是单身职工的集体宿舍，张

① 19世纪60年代，黄浦江北岸的杨树浦港西侧沿江地带划归美租界，1899年公共租界东扩北进，高郎桥就成为上海与公共租界东北分界地的一处界标，一地两治。参见罗苏文：《高郎桥：1914—1949年沪东一个棉纺织工人生活区的形成（上）》，《社会科学》2005年第12期。

② 《上海住宅建设志》编纂委员会编《上海住宅建设志》，上海社会科学院出版社，1998，第117—118页。

佐臣当时很有可能就住在此处。旧工房一般没有石库门里弄的装饰和牌匾式弄名，单幢建筑也无围墙、天井，建筑材料较单薄，室内布局简单，有些只是泥统间（集体宿舍）。高郎桥地区在 20 世纪 20 年代是中国共产党在上海开展早期工人运动的摇篮之一。

张佐臣原本不住在高郎桥，后来为了方便上工，加之高郎桥到进德会学习也很近，才搬到这里来。高郎桥地区的棚户房屋都是私搭乱建的，既没有建筑公司参与施工，也常常逃避地方管理人员的检查。张佐臣就住在泥统间这种集体宿舍里，家徒四壁，根本没有像样的家具。有时五六个人一间宿舍，有时七八个人一间，互相挤一挤，都是大通铺。生活区男女分开，不通水也不通电，生活条件异常艰苦，早上需要先到供水点挑上一缸清水，晚上都点煤油灯和火把，稍有不慎，就可能引发火灾，给工友们的生命安全带来严重威胁。但正是在这样艰苦的生活环境中，张佐臣与共产党员们的先进群体一道，共同经营和发展着杨树浦地区的沪东工人进德会。"进"是奋发进取之"进"，"德"是俭以养德之"德"。进德会的组织者以此命名，是希望工人们通过参加工会的学习，才德得到提升。刚开始，进德会没有桌椅，张佐臣就动员大家自带凳子，自行参会和离会；工人活动没有场所，张佐臣就寻找无人的空地让大家露天活动，下雨时就搬到闲置的大宿舍去。房子和空地都是张佐臣在极力寻找，活动时需要用的水也是张佐臣亲自从很远的地方一步一步挑过来的，张佐臣每时每刻都尽最大的努力来配合进德会的工作。他吃苦耐劳、坚忍不拔的精神深深感动着进德会的蔡之华、吴先清等人，也感动着广大勤劳的工友。

进德会善于从会员中挑选优秀的人员，将其发展成共产党员。相较于其他文化程度偏低的纺织工人，张佐臣由于曾经在家乡念过几年私塾，识得很多字，在工人群体中显得与众不同，而未能上新学的遗憾，也使得他更加渴望学习。自从一些共产党员亲赴纱厂组织进德会以来，每每张佐臣有了空闲，或等晚上下了工，只要进德会上课、举办活动，他都会去参加。他学习能力强，蔡之华等共产党员带来的画册、图书，如党中央和青年团中央发行的机关报《向导》《先驱》，他都很快就能独立阅读，并深入体会其中蕴含的思想，总结出自己的心得。碰到不太理解的地方，他就会到进德会来找蔡之华等教员探讨。通过认真仔细地阅读《共产党宣言》等书，张佐臣的无产阶级意识开始觉醒，他认识到了工人阶级在革命当中的主体地位，将自己看到的现实与革命理论对照起来，他逐渐明白了自己作为一名基层工人身上肩负的使命与任务。张佐臣慢慢地在无形中树立起了自己的共产主义信仰。他思想进步快，自学能力强，知识素养高，口才较好，善于和工人交往，且在大康纱厂担任记工员，属于一个小有影响力的管理人员；他的性格又很果敢，疾恶如仇，正直善良，年纪轻轻就懂得不少革命道理，在纱厂工人当中具有很强的号召力。因此，经过蔡之华等人的考察和党的上级机关的权衡后，党组织正式决定将张佐臣列为第一批在工人当中发展的党员，以他作为榜样，树立起工人党员在广大工人群众中的良好形象。

此时，全国的共产党员数量并不多，"到 1923 年 6 月中共三大召开前，我党党员数量仍不多，全国共计才 420 名。至 1925 年 1 月中共四大召开前，党员人数发展到 994 人"[①]。张佐臣作为一名工人党员，能够在 1924 年就加入中国共产党，成为当时全国连 1000 人都不到的党员之中的一员，正是因为他较早萌发的革命思想、突出的工作能力及勤奋学习和不辞辛劳的性格特征。

可以想象，张佐臣入党时的心情一定是无比激动的。这一年，他才刚满 18 周岁。在学习生活中，通过阅读《共产党宣言》等书，他渐渐地确立起了共产主义信仰，寻找到了改造世界、拯救落后中国的真理，也探寻到了工人阶级兄弟姐妹们的真正出路。为了理想、为了信念、为了证明真理，他愿意加入中国共产党，为党工作，跟着党走。同时，党组织也善于发现他、包容他和接纳他，他的身心都是愉悦的。当手捧着宣言、面朝着党旗，在老党员的带领下，表达了加入中国共产党的意愿后，张佐臣的个人命运就和中国共产党的初心与使命紧紧交织到了一起。

共产党人在纱厂工人中的活动引起了帝国主义者的忌恨。1925 年初，吴先清到大康纱厂进行革命活动时，由于日本资本家告密，吴先清遭到巡捕房的逮捕。为了营救吴先清，张佐臣带领大康纱厂的工人与裕丰、同兴、上海纱厂三厂的工人一起到巡捕房抗议，要求放人。抗议的工人队伍被巡捕用高压水枪冲散，进德会被包探程

---

① 王谦：《中共第一个中央级纪检机构诞生始末》，《文史精华》2008 年第 6 期，第 11 页。

海彪率人捣毁，但进德会的活动并未因此而停滞，规模反而越来越大，杨树浦的各纱厂都建立了工人小组。

1925 年 2 月，日商纱厂罢工后，沪东工人进德会因会址被查封、主要负责人被捕而解散。虽然进德会被查封，但是包括张佐臣在内的 1100 多名会员还是坚持在工人群众中开展革命活动，他们中的许多人后来成为党的工作和工人运动的骨干力量。工人们虽然失去了学习的场地，但是工人俱乐部教会他们的东西伴随并渗透进了他们之后的革命生涯。进德会撒播的红色种子，在他们心中生根、发芽，长成了参天大树。

五、工人罢工得洗礼

1923 年 6 月 12 日至 20 日，在广州召开的中国共产党第三次全国代表大会上，党中央对国共合作的方针和办法做出了正式的决定。中共三大强调：拥护工人农民的自身利益，是我们不能一刻忘忽的；对于工人农民之宣传与组织，是我们特殊的责任；引导工人农民参加国民革命，更是我们的中心工作。中共三大后，国共合作的实现，促进了工人运动的恢复和发展，加快了中国革命向前迈进的步伐。当时，在国共两党的经营以及苏联的大力帮助下，广东地区的革命力量得到了巩固和发展，广东地区成了中国革命的中心。全国其他地区的工人、农民革命运动，在党的领导下蓬勃开展。

为了加强对日益蓬勃的革命运动的领导，迎接新的革命工作，1925 年 1 月 11 日至 22 日，中国共产党第四次全国代表大会在上海举行，给正在蓬勃发展的革命运动指出了明确的方向。会议指出："中国的民族革命运动，必须最革命的无产阶级有力的参加，并且取得领导的地位，才能够得到胜利。"① 在工人运动方面，大会关于职工运动的决议案指出，必须加强党对工人运动的领导，广泛地组织工人，把工人运动和民族解放运动结合起来，把经济斗争和政治斗争结合起来；要努力发展各种工会，以壮大和加强工人阶级的组织力量。大会特别注意上海、天津、汉口等地的工人罢工运动和党领导下组织工会的工作，认为这是工人运动的基础。会后，根据这一精神，成立了中央职工运动委员会，以加强党的组织领导力量，为新一轮的工人运动与罢工斗争做准备。

在全国革命风起云涌的形势下，积极贯彻党的第四次全国代表大会决议的上海日商纱厂工人罢工发生了。上海是工人最集中的地方，是帝国主义和封建军阀的统治中心，在这里发展工人运动，对于扩大工人运动影响力、推进全国革命形势进展有着非常重大的意义，因此，中国共产党十分重视上海的工人运动。

此时，上海依旧处在帝国主义列强的经济侵略之下。上海受帝国主义经济侵略的影响最大，工人受到的压迫也最严重，上海工人阶级因而诞生。日本帝国主义者是中国的最大侵略者。在日本对中

---

① 中央档案馆编《中共中央文件选集 第 1 册（一九二一——一九二五）》，中共中央党校出版社，1989，第 333 页。

国的经济侵略活动中，在华经营棉纺织业是很重要的一个方面。据统计，到1925年，日本帝国主义在中国共有40多家纱厂，雇用中国工人8.8万多人，生产的纱锭约占全国纱锭总数的45%，其中上海一地，就有20多个纱厂，雇用中国工人约6万人，生产的纱锭约占上海纱锭总数的50%。

日本帝国主义者对在他们开设的纱厂里工作的工人的压迫和剥削非常残酷，所以上海规模较大的罢工斗争经常是从日本纱厂爆发的。据不完全统计，仅1918年4月至1925年1月，上海日本纱厂中国工人的罢工斗争就达20多次。1924年北京政变后，亲日派的军阀政府张作霖、段祺瑞等轮流得势，控制了北京，英美帝国主义的势力受到排挤，日本对中国的侵略加剧，上海日本纱厂里的中国工人所受的压迫和剥削，也就更加严重了。

厂方采取种种手段对工人进行额外剥削，防止工人反抗。比如，有一种"储蓄章程"，强制从工人工资里抽出5%存在厂里，10年后发还，中途离厂就全部没收。更令人难以容忍的是厂方对工人的各种体罚和精神上的摧残，当时的纺织工业中，女工、童工所占比例特别大，所受欺压更甚。1919年的部分社会调查讲到，南方纱厂及丝厂的工人，有80%为女子。邓中夏在《劳动运动复兴期中的几个重要问题——贡献于第二次全国劳动大会之前》中认为："资本家之喜用女工和童工，自然是因为他们工资极低，可以多得利润；体力较弱，可以任意欺负。"工厂里更有一个极奸狡的阴谋，另外专养一批男女幼童，叫作"养成工"，平日施以奴隶教育，等到他们长成之后，资本家便想一批一批地用他们取代成年男工，把那些"不安分"的成年男工开除出去，使全厂都是些自己养成的工人，可以随便虐待剥削而不招致反抗。显然，这种非人的状况是工人们所不能容忍的。二月同盟罢工，便是因为有一厂开除一批男工，使用养成工替代，并且拘捕工人代表而爆发的。

上海日商纱厂工人罢工始于内外棉八厂。这个公司资本雄厚，除了在日本本土开设纱厂外，还在中国的上海、青岛等地开设了10余家分厂，以上海沪西的小沙渡地区最为集中。1925年前，在上海沪西小沙渡地区有10家纱厂属于日本内外棉公司。这些纱厂的日本厂主极端歧视中国工人，将中国工人视作可任意奴役的牛马、"亡国"的"贱种"，对工人非常苛刻，更曾扬言在上海找100条狗难，找100个工人很容易。厂里的工人工时极长：每班12小时，夜工不加工资。工资低：最少的仅2角一天。常遭打骂：日本厂主和管理人员稍不称心便对工人拳打脚踢、出言侮辱。据1959年上海国棉二厂召开的一次退休工人座谈会统计，到会的80位老工人中，就有74位曾遭到过日本厂主或工头的殴打，占总人数的92%以上。[1]

1925年2月2日清晨，内外棉八厂粗纱间一个已连续做工11个小时的12岁女童工因体力不支，忍不住靠在车头上睡着了，恰巧被日本领班看见，遭到一顿毒打，这导致女童工受伤倒地。童工

---

[1] 中共中央文献研究室、中央档案馆编《建党以来重要文献选编（一九二一——一九四九）第二册》，中央文献出版社，2011。

的姐姐上前论理，也被日本领班打了两个耳光。此事引起了车间里成年男工的强烈不满，他们一起找日本人理论，准备罢工抗议。日本厂主趁机贴出布告，将粗纱间的 50 名男工全部开除。这正是日本厂主的预谋。自沪西工友俱乐部成立后，工人反对资本家压迫的斗争越来越频繁，特别是一些男工，每次斗争都冲在前头，被日本厂主视为眼中钉，早就想要将他们开除，以一批从农村招来的 11—12 岁的养成工取而代之。消息传开，工人们非常愤怒，聚在一起共商对策。当时，粗纱间的日班男工即宣布罢工，表示与夜班男工同进同退。2 月 4 日，被开除的男工要求厂方结算工资并发还强制储蓄的工钱，日本厂主丝毫不顾工人们的悲惨现状，勾结普陀路巡捕房将 6 名为首的工人抓去。工人们愤怒了，纷纷表示要关停纱车机器，停止车间运转，举行罢工。

中共中央和中共上海地方委员会决定好好利用这次事件带来的机会，成立罢工委员会，发动全市日商纱厂工人大罢工，以扭转工人运动低潮的局面。于是，邓中夏、李立三接到指令后，立即研究部署，决定在罢工委员会下设书记处、联络处，以及杨树浦、小沙渡两个分指挥处。书记处负责文书、宣传、新闻、印刷等工作；联络处负责对外联系，争取各社会团体的同情和支持。吸取"二七惨案"的教训，为保护工运领袖和维持罢工秩序，建立罢工工人护卫团和纠察队；加强对各厂基层工会的领导，充分发挥工运骨干的作用，成立由刘华任委员长的"纱厂工会"和"工人代表会"。

邓中夏、李立三、刘华等共产党员领导的大罢工于2月9日爆发。内外棉五厂、七厂、八厂、十二厂工人相继罢工。2月10日，九厂、十三厂、十四厂工人也响应罢工。到12日，内外棉11个厂的1.5万多名工人全部罢工。在内外棉各厂罢工的影响下，有着斗争传统的日华纱厂首先响应罢工。2月13日晚，日华纱厂第三、四厂工人举行罢工。14日，丰田纱厂亦开始罢工。

内外棉厂工人罢工宣言

罢工先在沪西发起，很快影响到了沪东的杨树浦地区。沪东的日商纱厂工人平时受尽日本人的虐待、剥削，对于日本帝国主义仇深似海，反抗情绪十分强烈。因此，当沪西发生罢工后，杨树浦地区的日商纱厂立即积极响应。随着罢工的影响越来越大，中国共产党根据当时的形势，决定以此为契机，在上海掀起一次工人运动的高潮。

此时，杨树浦地区的共产党员，经过 1924 年 6 月的丝厂大罢工及同年 9 月的南洋烟厂大罢工的锻炼，已经壮大了队伍，增强了战斗力。到 1925 年 1 月，全地区共产党员已从 1924 年 7 月的 21 人增加到了 64 人，党组织也从小组改为支部建制，建立了中共杨树浦支部及南洋烟厂支部。当时，中国共产党为了发动更大规模的同盟罢工斗争，就通过沪东工人进德会，在杨树浦各纱厂进行罢工发动工作。

作为一名加入中国共产党不久的青年党员，张佐臣平时积极参加党组织的活动，时刻关注党内的会议动态和政治方向，已经具有初步的马克思主义思想，平时也能够接触到一线的工作，又正值血气方刚的年龄，对于组织工人罢工早就跃跃欲试。因此，他一接到罢工委员会的指示便立即行动起来，按照党组织的要求，在大康纱厂内有计划地开展本次罢工的组织领导和动员工作。

张佐臣充分发挥自己在大康纱厂车间担任记工员的工作优势，广泛联络纱厂工人，宣传党的罢工决定。由于每天上下工时，他都要负责记录工勤，因此大康纱厂的几千名工友他都认识，且彼此熟络。于是，他根据党的指示，在连着几天下工的时候，用暗号联络工友们晚上到某某地方集会，他有重要的话要跟他们说。大多数工友平时也都参加进德会的学习，知道这次有大规模的行动，于是纷纷答应，约好某天晚上在小广场上聚会。

这天晚上，工友们陆陆续续地从家里出来，纷纷来到小广场。看大家到得差不多了，张佐臣搬出了提前准备好的板凳，站在了板凳上，昂首挺胸地站在大家面前。他先摆摆手，示意大家安静下来。工友们都坐定后，上千双眼睛齐刷刷地看向他。这次秘密集会是暴风雨来临的前夜。张佐臣很激动，他挥舞起了手臂，动情地讲道："工友们！同志们！东洋人欺压我们真是到了极点。他们天天打我们、骂我们，把我们当成猪、当成狗，甚至连牲畜都不如。资本家不把我们当人，我们也不能真给日本人当奴隶。前些天他们不仅打了人，还要开除其他工友；不仅要开除我们，还要扣工资、算小账、置我们于死地。工友们，你们说，资本家要害我们，我们能答应吗？"讲到这里，张佐臣把双手高高举起，上千位工友和他一起将手臂举向夜空，异口同声地吼道："不答应！不答应！"张佐臣接着讲道："目前唯一的办法，就是大家齐心，一致罢工，不干了！让资本家喝西北风去，看他们能怎么样！只有这样才能不再受东洋人的虐待，让他们也知道，工人可不是奴才，可不是好惹的！"工友们再次一起喊道："反抗压迫，全体罢工！"张佐臣稍微顿了顿，接着说道："大家对我都很熟悉，也有一部分工友知道，我是一个共产党员。中国共产党是帮助工人们争取权利的，党是不会让大家吃亏的。同时，我愿意做咱们大康纱厂的罢工领头人，和大家同进退、共生死，一些工友生活上的困难会有社会上的群体帮助我们解决，大家有困难可以找我，有什么问题也可以找我。困难解决好后，我们就可以无后顾之忧地投入罢工行动中去！工友们！兄弟姐妹们！你们说，好不好？""好！"广场上的人群齐声喊了出来。"那我们就择日准备发起罢工！""同意！同意！同意！"呐喊声在空寂的夜色中久久回荡。

工厂的工人平时饱受日本人的虐待、剥削，此时几乎都毫不犹豫地响应。2月14日，日商大康纱厂的4000多名工人，在杨树浦发起了支援沪西纱厂工人的罢工斗争。他们向厂方提出七项条件，表示要事实上达到最后的胜利才罢休。大康纱厂是杨树浦地区日商控制的最大的纱厂，张佐臣带领该厂工人发动的罢工不仅壮大了工人阶级的声势，而且给了日本帝国主义有力的一击。

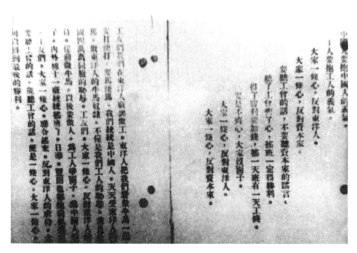

二月同盟罢工中大康纱厂散发的传单

14日当天，在中共上海地方委员会的组织发动下，党领导下的进步社团等几十个团体举行联席会议，讨论声援日商纱厂工人罢工斗争的问题。上海工人运动的妇女界领袖、中共中央妇女部部长、知名的早期女性共产党员向警予在会上做重要讲话。会后，成立上海东洋纱厂罢工工人后援会，呼吁全市各界人民支持同盟罢工。

罢工的战斗充分展示了工人阶级的力量。在张佐臣等共产党员的努力和组织下，地委决定在大康纱厂成立工会。张佐臣和其他几个党员编印了号召力很强的《罢工宣言》，在厂内外工人中散发。传单上写道："工友们，我们在东洋人厂里做工，东洋人把我们看作牛马，要打便打，要骂便骂。我们统统是中国人，天天受东洋人的打骂，做东洋人的牛马、奴隶，不仅是我们工人的耻辱，而且是中国四万万同胞的耻辱。工友们！大家一条心，反对东洋人的虐待，从前做牛马，以后要做人，为工人争面子。大家要听工会的话，能听工会的话，便是一条心，大家一条心，便可以得到最后的胜利。"

2月16日，引翔港地区气温很低，大雨滂沱，寒风凛冽，张佐臣带领大康纱厂工人冒着寒冷，在空地上召开大会。工人义愤填膺，纷纷高喊着要揭露日本资本家剥削压迫工人的罪行，决心要与日本资本家斗争到底。为了防止敌人破坏，张佐臣还按照上级指示，精心挑选了几个年轻力壮的青年男工，组建了工人纠察队，在会场站岗巡逻。2月17日，日本资本家勾结杨树浦巡捕房，逮捕了到大康纱厂研究罢工工作的进德会负责人吴先清。日商裕丰纱厂的工人们平素多受吴先清的照顾，都知道有这样一位"女先生"，听说吴先清被捕，怒不可遏，于2月18日清晨6时开始罢工斗争。全厂4000多人冲出工厂，到沪江大学附近的空地集会，组织了30多个纠察队，并发表宣言。2月19日，引翔港中国警署派出警察冲入裕丰纱厂工人大会会场，并以煽动罢工罪拘捕了工人代表。张佐臣接到报告后，立即组织浩浩荡荡的大康纱厂工人队伍与裕丰纱厂工人汇合，直奔警察署，要求释放被拘捕人员。两个纱厂的7000多名工人把警察署团团围住，高声呼喊"中国人不要做东洋人的走狗""释放工人代表"等口号。署长见状，紧急命令手下的警察站成一排，在警署门口朝天鸣枪，意图吓退工人。可是现场的工友们毫不惧怕，张佐臣带领大家整理好队伍，一排一排地和警察对峙，同时还有几个同志带领大家不停地呼喊口号，警署外面的呐喊声一浪高过一浪。随后，租界的巡捕房也插手此事，派出大批军警支援警署，前来镇压。从街外跑来的租界军警冲到人群跟前，不由分说，举起铁棍和枪托往工人们身上打去。工人们气愤至极，几个年轻力壮的工友大步上前，怒吼着推倒警署的篱笆，四散开来的工友们纷纷抄起路边的砖头、石块向施暴打人的警察砸去，现场一度陷入混乱。张佐臣也在混乱的人群中，掩护女工和童工撤离，遇上堵截的警察，他毫不畏惧，勇猛搏斗。在这次冲突中，有16名工人被捕，但大批工人仍坚守原地，高声抗议，声援被捕工人。罢工浪潮席卷全市日商纱厂，参加罢工的总计有日商6个株式会社所属的22家厂3.5万多名工人，形成上海日商纱厂工人有史以来的第一次反帝大罢工高潮，史称"上海日本纱厂工人罢工"，简称"二月同盟罢工"。

1925年2月《民国日报》登载沪上海日商纱厂工人罢工情形

日本资本家不甘心失败，勾结军阀政府的警署与工部局的巡捕房，联合起来镇压罢工，罢工陷入僵持局面。邓中夏对他们说，"打厂"成功是"乘其不意，攻其不备"，这一方法不能多用，"如果再做，非碰上钉子不可"。但被日本资本家激怒了的工人群众不听劝阻，潮水般地冲去"打厂"。李立三见群众激动得厉害，便对邓中夏说，既然大家非要去，就让他们去好了，随即也跟着向外冲。

邓中夏一把拉住他说："你不能去！"

"为什么？"

邓中夏说："这里工作要你负责，如果你被捕了，怎么办？"

李立三说："大家都去了，我是一个领导人，能把大家撇下吗？"

邓中夏说："那还是我去吧！"说罢大步冲出去。

果然不出邓中夏所料，罢工工人被早有准备的大批警察阻拦。

工人与警察发生了冲突，警署便乘机以工人殴打警察为借口，派出大队持棍的警察，把工人打得落花流水。群众溃散，被捕50余人。邓中夏与进德会的负责人蔡之华及16位工人一起被捕，大康、裕丰两厂的工会也被查封。警察把邓中夏和几十个工人用麻绳绑在一起。他昂着头、挺着胸，一边走，一边跟工人说："他们能捉到我们，但是他们永远打不败我们！"

日本还派遣军舰开进黄浦江，威胁罢工工人。日本人以为把邓中夏关起来，就可以把工潮镇压下去。他们没有料到，在李立三的领导下，罢工斗争继续蓬勃发展，几天之内，小沙渡地区日本纱厂的工人差不多全罢工了。小沙渡的罢工浪潮涌到曹家渡，丰田纱厂的工人宣布罢工。杨树浦的大康、裕丰、同兴、日华等日本纱厂的工人也在张佐臣的领导下，万众一心、毫不畏惧，相继罢工。到了2月18日，共有22家日本纱厂的4万工人参加罢工。

由于张佐臣平日里和日商纱厂的几位工头关系还不错，反动工头们碍于情面，同时也忌惮张佐臣在工人中的威信，没有敢于直接拘捕张佐臣。张佐臣自己也很明白这一点，他巧妙地利用这一层关系，从中迂回，做营救工作。邓中夏被拘捕后，没有暴露身份，经过营救，于3月7日获得释放。

虽然工会表面上被封，但张佐臣仍然是大康纱厂工会的实际负责人，他持续号召工人群众继续团结在党领导的工会周围，积极设法呼吁社会各界，营救被捕的同志。面对一些松懈的中间分子，张佐臣能够直接站出来，打消他们的后顾之忧。有几个工人看着日本人的军舰巡弋在黄浦江上，心里害怕，打起了退堂鼓。张佐臣就亲自到他们几个家里去，挨家挨户走访，壮胆打气，并用自己的微薄薪资资助这些生活有困难的工友。他对面有难色的工友们说道："兄弟姐妹们，不做工，只是暂时困难一些，少吃几口饭而已，也饿不着；但是如果顺了日本人的心，甘愿做牛做马、当鸡当狗，被人当牲畜一般对待，那就永远没有出头的日子了，不仅工钱越发越少，还会挨打受冻，活活累死在厂里面。只要大家一条心，相信我，相信工会，我敢保证，工会一定会取得罢工的最后胜利，到那时候，不仅拖欠的工钱会发下来，还会无条件地涨工资，大家都过上更好的日子！"

看着张佐臣洋溢着活力和自信的脸庞，想要退缩的工友们不禁眼眶一热："是啊，大家图什么呢？不就图能够过上好日子吗？我们愿意听你的！"张佐臣感受着工友的热情，眼眶也不禁湿润了。他深知工友们的苦难，更知道中国共产党是为广大贫苦人民谋利益、谋幸福的。他自己也无比确信，这次罢工一定会胜利。

二月同盟罢工是张佐臣践行自己理想信念，真正走上革命舞台的最重要的一步。在二月同盟罢工中，他不畏严寒，身先士卒地带领工人与资本家进行斗争，在与日商进行谈判时，他态度坚决、据理力争，为工人争取利益，展示出卓越的组织领导能力、演讲才能和谈判水平。通过二月同盟罢工，党组织看到了张佐臣的才能，逐步赋予他更重大的使命，同时张佐臣也积累了领导工人运动的经验，这让他在革命工作中更加昂扬且自信。

六、谈判桌上显身手

虽然日本帝国主义勾结中国军阀政府，收买工贼，对罢工进行百般镇压和破坏，企图使工人屈服、无条件复工，但遭到重重打击的工人们却始终坚持罢工。在党的领导下，一方面，纱厂工人们得到了社会舆论和各阶层人民的普遍同情和支持，在心理上受到充分鼓舞；另一方面，工人们受了10余日训练后，已由原始状态进入组织状态，"听工会的命令"这一口号已深深根植于群众脑海中。工人们进行了英勇的斗争，粉碎了日本帝国主义、中国军阀政府和工贼的镇压与破坏活动，日本纱厂在这次罢工中遭到了巨大的经济损失。据当时报载，"日本各纱厂已短货，四五月之纱货都已售罄，定货不能如期交出"①。在这纱价高昂的时候罢工，无疑是为罢工后与资本家的谈判带来良机。

北京政变后，日本帝国主义与英美帝国主义存在着一定的矛盾，罢工也使日本帝国主义处于不利的地位。另外，在这次罢工中，日本资本家因罢工而产生的损失达数十万两白银。为防止罢工继续扩大，日本帝国主义不得不与工人进行谈判，试图尽早结束罢工。在工人方面，中国共产党也考虑到罢工已给日本帝国主义带来相当大的打击，而将这次罢工发展为全民反帝运动的条件还不成熟，且工人生活已相当困难，在一定条件下，应将罢工结束，准备更大规模的斗争。

在此背景下，日本内外棉株式会社董事武居绫藏不得不从日本匆匆赶赴上海处理此事。2月25日，日本资本家与工人团体开启谈判。参加谈判的团体和个人很多，总结起来有以下几类：一是日本帝国主义和国民党右派指使的"上海工团联合会""维持日商纱厂工友罢工委员会"和"上海纺织工会"②；二是和日本帝国主义勾结、由工贼请来调解的反动官僚，如江苏特派员、前淞沪护军使；三是投靠帝国主义又假充好人的上海总商会；四是出面调解民族资产阶级的纱业公会、商联会、部分华纱厂资本家；五是中国共产党领导下的"国民会议促成会"和"上海东洋纱厂罢工工人后援会"。谈

---

① 黄杜：《上海日本纱厂工人一九二五年二月大罢工——"五卅"运动的序幕》，《复旦学报（社会科学版）》1960年第5期。

② 黄杜：《上海日本纱厂工人一九二五年二月大罢工——"五卅"运动的序幕》，《复旦学报（社会科学版）》1960年第5期。

判中，张佐臣被推举为上海日商纱厂的 6 名工人谈判代表之一。

在调解过程中，日本资本家首先向中国军阀政府施加压力，企图通过中国军阀强力解决，拒绝商会联合调解。在工人的坚决反抗下，武力手段失效，日本资本家虽无奈地表示愿意接受调解，但仍蛮横地要求，谈判要在他们的走狗主持下进行，否则免谈。中国共产党领导下的罢工工人，坚决反对反动官僚、工贼的调解，力争在"国民会议促成会"或者由它出面组织的"后援会"的主持下谈判。经过几番周折，所有人员于 2 月 25 日下午齐集总商会，开始就实际问题进行谈判。

谈判正式开始之前，张佐臣先问资本家代表："是全权代表否？"答曰："是。"于是开会。张佐臣等工人代表和日本资本家代表进行了一场紧张的谈判，双方就增加工人工资、不得任意打骂工人和马上复工等条件进行了激烈的交锋。谈判桌上的斗争十分尖锐。张佐臣等工人代表坚定地站在工人们的一边，他们知道工人需要更好的待遇和基本的尊重。他们向资本家提出了合理的增加工人工资的要求，希望能够让工人们的收入得到合理的提高。厂方代表岗田源太郎、武居绫藏则凶狠地坚持自己的立场，试图以种种理由来拒绝张佐臣等人的要求。他们使用狡诈的诡辩技巧，面对工人代表提出的条件不停狡辩和抵赖。总商会在这次谈判中，完全站在资本家一方，出卖工人的利益，使工人的要求不能全部得到满足。

工人提出的八条最低要求有：

（一）严禁殴打工人；

（二）增加一成工资；

（三）两星期发一次工资，不得延迟；

（四）恢复辞退的四十人之职务；

（五）罢工期间工资照付；

（六）公司规定奖励勤勉的工人，废止储金制度；

（七）无故不得辞退工人；

（八）释放被拘工人。

对工人提出的条件，日商代表内外棉社上海支店经理岗田源太郎逐条狡辩：

（一）对于第一项，公司的日本人对于中国的职工，是有同情、亲切的态度的，公司方面，严禁殴打的事情，将来也与此取同样的方针；

（二）公司所给工资，比较中国厂与外国所营的工厂为多，所以不能增加；

（三）第三项无异议，公司正在实行中；

（四）辞职的工人，不能复职；

（五）第五项不能同意，但在罢工之初，曾声明上工者每日支付罢工期内工资三成；

（六）第六项职工略有误解，此种储蓄制度，与工资无关系，是因增进职工福利起见，而任意赏给；

（七）无理由决不解雇工人；

（八）工人是工部局警察厅所拘禁，释放工人，在公

司权限之外。

张佐臣对此非常气愤，拍案而起，严厉地指出："今天是你们请我们来谈判的，如果你们没有诚意，不考虑我们提出的条件，只想推卸责任，那就不必坐在这里讲空话，浪费时间！"

听到这里，充当"调解人"的上海总商会副会长坐不住了，忙打圆场笑道："不必急，大家好商量。"

张佐臣瞟也不瞟他一下，只是盯着日本人："如果工人的基本条件得不到满足，就继续罢工。"

副会长见日本人不说话，场面有些尴尬，便接腔过去，对张佐臣说："你们有些条件提得太激进了。为了顾全对方体面，有些枝节总是可以不提的。"

对副会长的如此说法，张佐臣微微一笑，一字一顿地说道："不知道你是如何看待工人的基本权益的。现在我们提出的是工人的基本权益，并不是什么枝节问题，也没有什么激进的地方。什么叫体面？难道我们工人挨打挨骂、被随便开除、被关在监狱里受罪就很体面吗？我认为，只有工人的基本权益得到保障了，工厂和你们总商会才有体面可谈。"

一席话说得副会长无言以对，愣了好一阵子才说："这几件事，由总商会去疏通疏通，大概可以解决。其他问题，慢慢再商量。"

作为居中调解者的上海总商会，因其会长是亲日分子，故在调解时的立场显然偏向日本资本家。2月25日调解不成，在26日的调解会议上，总商会代表以"枝节太多，反延时日""交涉手续不宜枝节，如有他虑，克威律师及调人方面均可负责保护"等巧辩之言讨好日方，强迫工人代表接受条件。在张佐臣和其他代表的据理力争下，复工条约进行了修改，改成下列各条：

（一）不虐待工人，如有虐待情事，可禀告工场长，以待工场长公平解决；

（二）工人复工者，可照以前的方法；

（三）储蓄奖金依公司规定，满5年者可以支付，中途退职由公司规定，如成绩佳良者照给；

（四）工资两星期发一次。

日本资本家代表对此修正案十分赞同。工会将这个修正案进行了剖析，并听取了各厂工人代表的意见。当时有两种看法：一种意见认为，接受修正案等于承认罢工失败，并指责总商会出卖工人利益；另一种意见则认为，这个修正案基本上还是符合工人要求的，因为工人最初的罢工目的是争人格、反对无理打人骂人和虐待等，修正案已大体照顾了这几项。同时，在罢工中，工人的战斗力得到了锻炼，并成立了工会，资方既然派代表同工会谈判就等于正式承认工会的存在，这是最宝贵的收获。因此，接受这个修正案就可以证明罢工是胜利的。

从修正案看来，工人在物质和精神方面都取得了基本胜利，因为罢工总算有了一个结果。这个结果在工人看来，是由他们奋斗得来的，从此他们更加相信团结的重要、相信工会，于是加入工会的工人大大增加了。数日之内，小沙渡工会成员由1000人增加到了

6000人，杨树浦工会成员增加了3000人，各工会也建立了工会小组的组织。[1]

工人们这次坚持不懈的罢工斗争，有力地打击了帝国主义的反动气焰。张佐臣和其他工人代表认为，这次罢工的主要目的——"争人格"已经达到了，因此表示可以接受复工条件。持两种看法的双方有一点意见是相同的，那就是都认为罢工已坚持了一个月，不宜再拖，很有必要从速结束。这一决定得到了工人运动领导人李立三、刘华的赞同，他们决定使战斗告一段落。罢工斗争于3月1日胜利结束。

3月1日，日商大康、裕丰两家纱厂工人在引翔港开会，由大康纱厂工人代表张佐臣、裕丰纱厂工人代表万金福报告调解经过及复工条件。张佐臣与裕丰纱厂的代表向工人报告了谈判经过及上工条件，决定2日起复工，并由大康纱厂印发"条约已签字，工友一齐上工"的传单，广而散发。[2]

工人复工了，但狡猾的警方并没有履行条件立即放人。张佐臣即以谈判代表的身份到淞沪警察厅进行交涉，在工人们的有力声援下，终于营救出在罢工中被捕的共产党领导人邓中夏、孙良惠、吴先清和罢工工人。这场被称为"二月同盟罢工"的伟大运动到此胜利结束。[3]

---

[1] 邓中夏：《邓中夏文集》，人民出版社，1983，第542页。

[2] 中共上海市委党史研究室、龙华烈士纪念馆编，沈洁著《张佐臣画传》，上海人民出版社，2021，第17—19页。

[3] 中共上海市委党史研究室、龙华烈士纪念馆编，沈洁著《张佐臣画传》，上海人民出版社，2021，第19页。

这次罢工后，对罢工中的积极分子，日方或禁止入厂，或强硬驱赶，或贿赂拉拢，使人啼笑皆非。工会在此时的方略只有一个，便是怠工。大家都入厂，只是不做工；表面上虽然机器开着，实际上没有半点出货。资本家也没有办法，终于不得不更改条约。[1]这也是二月同盟罢工后工人对付毁约资本家的一个有效手段。

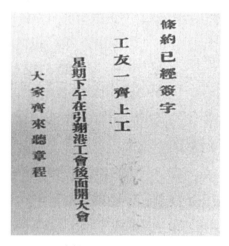

谈判胜利后散发的传单

李立三乘势组织了上海纱厂总工会，男女工人踊跃报名入会，到3月下旬沪西小沙渡、曹家渡和沪东杨树浦等地就登记了2万多人。[2]上海纱厂总工会的成立，为上海工人运动的进一步发展做了组织准备。

这次罢工是中国共产党领导下的联合行动，有鲜明的反帝斗争目标，得到了广泛的社会同情和支持。而且，工人内部组织也极为

---

① 邓中夏：《邓中夏文集》，人民出版社，1983，第114页。

② 刘贯之：《关于1924年—1925年上海工人运动的回忆》，《中国工运史料》1960年第5号。

上海日商纱厂工人罢工运动中的部分工人合影

严密，工会深得工人群众的信任。通过这场斗争，工人提高了阶级觉悟，工会壮大了力量，杨树浦工会会员增加到了3000多人。杨之华曾说过，她第一次看见工人阶级强大的力量和严密的组织性、纪律性，无论是在组织纠察队，还是在交代具体任务时，工人那种爽快、不计价钱、坚决服从工会的精神，都使她深为感动。①在这次罢工中，日本资本家一直处于被动地位，罢工造成的损失达数十万两白银。逮捕、威胁、镇压都动摇不了工人反帝斗争的决心，因此，一向骂工人"贱种""奴才"的日本资本家，这时不得不与工人代表在一张桌子上谈判，接受工会提出的合理要求。中华全国总工会秘书长邓中夏在《中国工人》第4期上发表《上海日本纱厂罢工中所得的经验》一文，指出这次罢工确实是"二七"后一个空前的伟大运动。它在中国劳动运动史上开辟了一个新纪元，而且在中国的民族解放史上也添了一层新意义。②在这场罢工斗争中，张佐臣义无反顾，敢斗敢冲，与日商资本家做针锋相对的斗争，经受了斗争的考验，进一步显示出他卓越的组织领导才能。

---

① 《中国共产党杨浦（沪东）史》编纂委员会编《中国共产党杨浦（沪东）史：1921—1949》，上海人民出版社，2011，第17页。

② 邓中夏：《邓中夏文集》，人民出版社，1983，第108页。

七、劳动大会增信念

1925 年 4 月 8 日，上海《民国日报》刊登了中华海员工业联合会、汉冶萍总工会、全国铁路总工会、广东工人代表会关于召开第二次全国劳动大会的通告："特发起于本年五月一日在广州召集中国第二次全国劳动大会，业由敝会等各派代表在广州设立筹备处，望全国各工团派遣正式代表出席（会员百人以上至一千人者派一人；以上每超过一千人得加派一人），须于四月二十七日以前赶到广州，并须携带正式证书及报告、会员名册等到会为荷。"[1]

上海纱厂方面选出项英、孙良惠、刘贯

---

① 中华全国总工会中国职工运动史研究室编《中国历次全国劳动大会文献》，工人出版社，1957，第 8—9 页。

之、张佐臣、陶静轩等为第二次全国劳动代表大会代表，于 4 月下旬离沪赴粤。刘华、李瑞清二人留在潭子湾主持工会工作。①

张佐臣作为上海工人代表之一前往广州出席会议。1924 年广州轰轰烈烈的革命气氛，深刻地教育了张佐臣。从上海到广州，路途遥远，舟车劳顿，但是张佐臣一点也不觉得辛苦。这是他第一次出远门，到达位于祖国最南端的珠江三角洲。相较于他生活了近 20 年的江南水乡，张佐臣觉得一路上的见闻都是那么新奇，外面的世界是那么精彩。最重要的是，与他一同参加会议的人中有一位他崇拜的人，那就是建党先驱邓中夏。

邓中夏（1894—1933），湖南人，家境优渥，幼年在湖南老家读私塾，1917 年进入北京大学。在五四运动中，邓中夏是学生运动中的积极分子之一，他是冲进赵家楼、痛打卖国贼的十几个学生之一，曾与高君宇等北大同学走在游行队伍的前列，并且想方设法，冒着危险积极营救被捕学生。后来在李大钊的影响下，他较早地接受了马克思主义思想并加入了北京共产党早期组织，成为最早的一批党员之一。中国共产党成立后，邓中夏在北京郊区长辛店开办了工人补习学校，深入工人群体当中，积累领导工人运动的经验。1922 年与 1923 年之交，邓中夏受李大钊推荐，从北京到上海，任新组建的上海大学的教务长，由他全权负责党在上海大学的教学与组织领导工作，为革命斗争培养后备力量。

---

① 刘贯之：《关于 1924—1925 年上海工人运动的回忆》，《中国工运史料》1960 年第 1 期。

邓中夏在上海时，虽然把主要精力都放在了创办革命大学、培养党团等学生力量上，但仍没有放弃对工人运动的思考和探索。他时刻关注着上海工人的罢工斗争，并以中国共产党中央执行委员会委员的身份指挥罢工的展开和延续。这一次，他从上海到广州来，参与第二次全国劳动大会的筹备工作。对于张佐臣而言，邓中夏年长他十几岁，且已具备很丰富的领导工人运动的经验，同时又是他的上级，是平时难以见面的党组织、党的中央机关的重要领导人物，之前仅在二月同盟罢工中，在邓中夏被捕后的营救时有过一面之缘。能够去广州与他崇拜的著名工运领导人一起参加全国代表共聚的劳动大会，他的心情怎能不激动？

为了筹备这次会议，邓中夏于 1925 年 4 月初就从上海赶赴广州，住进了广州农民运动讲习所，在这里设立第二次全国劳动大会筹备处，领导有关人员进行大会筹备工作。邓中夏是中国工人运动久经考验的著名领导人，同时还是北京大学毕业的高级知识分子。代表们陆续到达广州后，邓中夏与他们进行了亲切交谈，了解各地的工人运动状况、工人群众对这次大会的要求和代表本人的政治倾向等。同时，他多次把广东工人代表会的一些负责人请来研究第二次全国劳动大会的筹备工作，解决会场和会议代表的衣食住行等问题。为使到会代表对这次会议的主要议题有共同认识，大会召开之前，邓中夏写了《劳动运动复兴期中的几个重要问题——贡献于第二次全国代表大会之前》的长篇文章，他认为："现在上海纱厂罢工，胶济铁路罢工，北京印刷罢工，武汉人力车夫罢工和烟草

工人罢工，以及北方铁路工会之恢复，南方海员新斗争的准备，都
是这第二次高潮潮信的预告。所以第二次全国劳动大会召集刻不容
缓。"①他还指出，第一次全国劳大召开后的三年中，中国工人运动
曾出现过"奔腾澎湃的怒潮"②，也出现过曲折和消沉。这次会议就
是要在总结三年来丰富经验的基础上，对工人运动中的各种"重要
问题"③进行认真的研究，"给全国工人阶级一个完满精密确定的规
定与指导"④，使这次劳动大会开成一个"中国最神圣、最光荣、超
越一切的会议"⑤。

针对组织问题，该文章指出："所以我们人数虽众，我们如不
紧紧的组织起来，组织得象军队一样，那么向资本家作战，是没有
用处的。所以组织问题是我们当前的第一个重要问题了。"⑥文章还
深刻阐述了工会组织的性质和作用。关于工会组织法的原则和工会
组织的系统，邓中夏在他向第一次全国劳动大会提交了《工会组织
原则案》的基础上，进一步提出了："支部"设一"干事会"；干事
会之上有"工厂委员会"；工厂委员会之上有"工会执行委员会"，
便成为某个产业机关的工会。再由此地彼地同一产业的工会，组

---

① 邓中夏：《邓中夏文集》，人民出版社，1983，第115页。
② 邓中夏：《邓中夏文集》，人民出版社，1983，第115页。
③ 邓中夏：《邓中夏文集》，人民出版社，1983，第116页。
④ 邓中夏：《邓中夏文集》，人民出版社，1983，第116页。
⑤ 邓中夏：《邓中夏文集》，人民出版社，1983，第116页。
⑥ 邓中夏：《邓中夏文集》，人民出版社，1983，第116页。

织全国某产业总工会"中央执行委员会"。①一是"地方组合",就是不论你是哪一个产业的工会,只要是在一个地域内,都得联合起来,共同组织一个某地方的"工团联合会"。二是"全国组织",就是不论你是哪一种产业的总工会或哪一地方的工团联合会,只要是在一个国境内,都得联合起来,共同组织一个某业的"全国总工会"。②

邓中夏还明确指出:"在帝国主义和资本制度没有根本推翻以前,工人阶级的经济问题是不能够得到圆满的彻底解决,这是我们大家一致确信而无疑的。但是我们在此时亦应尽我们所有的力量,为经济生活的改善而奋斗,奋斗到帝国主义和资本制度根本推翻为止。"③他认为当前经济斗争的四大目标是:八小时工作制、最低工资标准、反对一切虐待、改善女工童工的生活。他提出,"我们须得郑重一说的,就是一个经济斗争,同时也是政治斗争。我们千万不可专为经济斗争的狭隘意义所囿,而忘记了政治斗争。须知经济问题与政治问题有绝对之关联,如政治问题不解决,经济问题绝对没有解决之可能。所以我们须把经济斗争接连着政治斗争乃有意义。"④在文章中,关于争取自由权利、参加国民革命、工农联合、国际联合等问题,邓中夏都做了相应的论述,发表了自己的见解。

---

① 邓中夏:《邓中夏文集》,人民出版社,1983,第 119 页。
② 邓中夏:《邓中夏文集》,人民出版社,1983,第 120—121 页。
③ 邓中夏:《邓中夏文集》,人民出版社,1983,第 122 页。
④ 邓中夏:《邓中夏文集》,人民出版社,1983,第 124—125 页。

到了广州以后，张佐臣立即关注到了邓中夏的长篇文章。他被里面的内容深深震撼，这也成了他日后工作的思想基础。邓中夏与他因为二月同盟罢工而结缘，是革命战友，邓中夏也是他革命路上的引路人。张佐臣感觉自己想说的话、想问的问题太多。张佐臣在罢工斗争的实践中，深感自己需要学习的东西还有许多，因此，在广州期间，他只要有空，就会去找邓中夏聊天，谈及人生和理想，以及工人运动的发展趋势和前景规划。邓中夏虽然忙于筹备劳动大会，但是面对这个好学上进的工人小兄弟，他显得格外耐心。他很愿意让眼前的张佐臣快速成长为一名合格的工人运动领导人，因此与张佐臣几乎是知无不言、言无不尽。张佐臣常常因自己的思想困境向邓中夏请教，也经常聊到中国未来的发展，工人阶级的最终走向等大方向上的战略问题。张佐臣常常苦恼于党组织的弱小，工人群体的贫苦，以及帝国主义、资本主义的强大，不知以小击大是否可取。看到张佐臣对中国革命的前景有所忧虑，一方面，邓中夏感到张佐臣年纪轻轻，就已经"先天下之忧而忧"，很是欣慰；另一方面，他也非常认真地和张佐臣讲解俄国十月革命的事件经过：强大的沙皇势力看上去不可战胜，但是实际上腐朽不堪，只要人民发动起来，组织红军，推翻大帝国并不是不可实现的。在此，邓中夏借用了他老师李大钊的话，"试看将来的环球，必是赤旗的世界"[1]，来鼓励张佐臣。当时协助邓中夏整理资料工作的饶卫华曾回忆：

---

[1] 中国李大钊研究会主编《李大钊全集 第二卷》，人民出版社，2006，第263页。

他跟谁也谈得来，一点也没有架子。

他的工作很忙，整天和人接谈，写文章，开会，没有见他停止过工作。他的精力是那样的充沛，为了革命事业，忘记了疲劳。他的膳食，比起我们学生的伙食也相差不远。这就是闻名的上海大学的总务长啊！如果不是我以前对他已经有些了解的话，哪里会相信有这样真正为工人服务的大知识分子。①

谈到深入的地方，邓中夏就把随身携带的报刊交给张佐臣翻阅。这里面有不少是面向工人群体编写的文章，有的文章署名是笔名，有的文章署名是真名。同时，邓中夏也很虚心地向张佐臣请教，希望张佐臣能够结合自身的工作经历、在工厂多年的生活及目睹的现状提出自己的见解。邓中夏伏案将这些工厂一线工人的真实感触一一记录，为以后编写文稿积攒素材。在认真读完邓中夏的文章后，张佐臣思考的问题更多了，也更复杂、更全面了。他认识到，罢工斗争不仅仅是经济斗争和工人要求权利的斗争，更是一种深度意义上的政治斗争，党就是领导这场斗争的主体组织。张佐臣意识到，仅仅依靠不间断的普通罢工，并不能从根本上解决当前的工人阶级非人般的苦难；而要彻底扯断捆绑在工人身上的铁链，就只有推翻这个黑暗的政权，建立一个新的社会、新的体系、新的政权，这个新的政权会保障工人群体的利益，从而在根本上彻底改变

---

① 刘功成：《邓中夏传》，江苏人民出版社，2016，第125页。

现状，让工人们翻身做自己的主人。

针对邓中夏在大会前提出的《劳动运动复兴期中的几个重要问题——贡献于第二次全国劳动大会之前》，张佐臣向他逐一请教，尤其是最为重要的组织问题，他问得特别认真，他认为这是工人向资本家的反抗能取得胜利的关键因素，邓中夏见张佐臣是如此地勤学好问，于是在为他耐心解答的同时，还不遗余力地向张佐臣讲述了他自己对于近期工人运动形势的深刻看法和见解，也讲出了自己的领悟和体会。尤其是邓中夏在讲话稿的开头提到："自从第一次全国劳动大会开过以来，到现在已经整整的三个年头了。开第一次大会的时候，正是中国劳动运动发生第一次高潮的时候，所以那一次大会，影响所及，更使中国劳动运动更激成奔腾澎湃的怒潮，震撼一世，莫之与京了。不幸9个月后，京汉'二七'惨变发生，而劳动运动为之一落，全国工人阶级几乎全取纯粹的退守态度。随后虽随时因利乘便，企图改守为攻，究因外界的强暴压迫太甚，终未能恢复旧观。去年北京政变以后，直系军阀势力颠覆，新兴的军阀还在相持之中；帝国主义者亦因政局之变化，而相互间发生冲突的现象。在这时，劳动运动却已进入一个复兴的时期，又有开始第二次高潮的可能。"[1]听了这些话，张佐臣更清楚了参加这次劳动大会的重要意义。

邓中夏的一句句话语、一段段勉励，深深感动了张佐臣。经过数个日夜的畅谈，张佐臣的思想愈发成熟，政治意识在经过培养之

---

[1] 邓中夏：《邓中夏文集》，人民出版社，1983，第115页。

后也得到了提高。他逐渐认识到，自己正在悄悄地转变，即将成为一名坚强的、不可战胜的共产主义战士。为了新社会的建立，他将不惜一切代价，勇往直前。

在邓中夏的策划和领导下，5月1日上午10时，第二次全国劳动大会的代表和广东第一次农民代表大会的代表及青年军人联合会、黄埔军校、湘军讲武堂、滇军干部学校、铁甲车队等武装力量和学校、市民团体约10万人齐聚一堂，举行盛大的纪念五一国际劳动节大会。会场赤旗飘扬，锣鼓喧天，气氛热烈，盛况空前。邓中夏和出席第二次全国劳动大会的张国焘、林伟民、邓培、孔燕南（女代表）等先后发表演说。①演说完毕后，全体出发游行，由会场从越秀北路，经惠爱东路、永汉路、南堤、西濠口，一直到太平路的西瓜园才结束。作为会议代表，张佐臣参加了五一纪念群众大会和示威游行。

1925年5月2日，第二次全国劳动大会开幕式在广州隆重举行。出席大会的工人代表来自上海、北京、天津、武汉、长沙、广州、香港、青岛、济南、郑州等城市的铁路、矿山、机械、纺织、印刷等重要产业部门。中国共产党中央执行委员会、国民党中央和青年军人联合会、学生团体等代表出席大会，并致贺词。赤色职工国际代表奥斯特洛夫斯基专程从莫斯科赶来参加大会。

从5月3日开始，第二次全国劳动大会转移至广东省教育会礼堂内继续举行。大会期间，刘少奇代表大会筹备处报告会议筹备经

---

① 刘功成：《邓中夏传》，江苏人民出版社，2016，第130页。

过，邓中夏和张国焘分别报告中国工人运动状况和工农联合的意义，中华海员总工会代表、上海工会代表、中华全国铁路总工会代表、汉冶萍总工会代表、香港代表、广东代表、长沙代表、湖北代表等先后向大会报告本产业或本地区的工运状况。奥斯特洛夫斯基多次发表讲话。

在参加第二次全国劳动大会的日子里，张佐臣见到了来自全国各地的工人兄弟们。那一张张斗志激昂的面孔、慷慨发言的场景，都给他留下了深刻的印象。尤其是奥斯特洛夫斯基在大会上常说的"工会是炮台，坚固地建立你们的炮台，打倒资本制度"这句话，更是深深地印在了张佐臣的心中。他决心为建设工会"炮台"，为工人阶级自身的解放奋斗终身。

大会通过了《工人阶级与政治斗争的决议案》《经济斗争的决议案》《工农联合的决议案》和《中华全国总工会总章》等30多个文件，成立了中华全国总工会，选举组成了25人的中华全国总工会第一届执行委员会，并于5月7日召开第一次执行委员会议。大会推选林伟民为正执行委员长，刘少奇、邓培等为副执行委员长，邓中夏为秘书长兼宣传部部长。大会还决定，中华全国总工会加入赤色职工国际。当总工会的章程通过和执行委员会选出时，"全国总工会万岁""工人阶级大团结万岁"之声不绝于耳。

林伟民、苏兆征、戴卓民、邓培、刘文松、孙云鹏、刘少奇、李森、谭影竹、刘和森、曾西盛、刘公素、梁桂华、吕棠、何耀全、李铃、郑绎生、孙良惠、邓中夏、李成、袁告成、高秀炳、刘俊才、钟伯兰、赵悟尘当选为中华全国总工会执行委员。①张佐臣没有列入其中，有的资料说张佐臣在此次大会上当选执行委员的说法并不准确，他在第三次全国劳动大会上才正式当选为执行委员。

这是张佐臣第一次作为正式代表出席大规模的全国大会。在会议期间，张佐臣除了认真参加会议和活动，还利用会议间隙不断和工运领导者及其他代表学习交流。他变得更加成熟了，他的理想信念也更加坚定了，他记住了中国共产党中央执行委员会给大会贺信中的话："亲爱的全国劳动大会代表诸同志！你们所代表的力量是伟大的，你们所负的责任也是重大的，你们的敌人虽然众多而且强有力，只要你们团结起来不断的奋斗，不但中国国民革命的胜利终属于你们，全世界工农专政的胜利也必然属于你们。祝你们团结！祝你们奋斗！"②

第二次劳动大会最大的贡献在于，在中共四大精神的指引下，明确规定了工人阶级的地位和使命，建立了中国工人阶级公开统一的指导机关，即中华全国总工会，实现了工人阶级的统一团结，并决定派刘少奇等去上海设立全国总工会上海办事处。

第二次全国劳动大会开创了中国职工运动史上光荣的新纪录，主要的历史价值在于，除成立中华全国总工会、加入赤色职工国际以外，大会对工人组织有了更好的认识。如《工人阶级与政治斗争

---

① 《民国日报》1925 年 5 月 23 日。参见中华全国总工会中国职工运动史研究室编《中国历次全国劳动大会文献》，工人出版社，1957，第 31 页。

② 《向导》1925 年 4 月 26 日第 112 期。参见中华全国总工会中国职工运动史研究室编《中国历次全国劳动大会文献》，工人出版社，1957，第 11 页。

第二次劳动大会通过的决议案——"工人阶级与政治斗争"

的决议案》中说："要森严在我们各种组织上的阶级性，不可和其他阶级混和；这种混和，将有被资产阶级牺牲我们的利益，甚至有卖给敌人的危险。"[1]《组织问题的决议案》中也说："但工会组织的性质是阶级的，工会工作的内容是阶级的，工会的教育同样也是阶级的，少了这些条件，中国工人组织工会就失了他本来的意义。"[2]大会有着伟大的历史意义，大会召开正值中国大革命高潮前夜。当时，中国的劳资矛盾正在进一步加剧，大会之后不到20天，惊天动地的五卅运动便到来了。

---

[1] 中华全国总工会中国职工运动史研究室编《中国历次全国劳动大会文献》，工人出版社，1957，第13页。

[2] 中华全国总工会中国职工运动史研究室编《中国历次全国劳动大会文献》，工人出版社，1957，第20页。

中华全国总工会在广州的旧址

中共中央给第二次全国劳动大会的信

　　大会闭幕后，张佐臣迫切想要回到上海，把在广州学到的、从全世界工人群体中汲取来的知识带回来，投入下一场新的罢工斗争中去。

八、不辞辛劳为劳工

　　早在 1925 年 1 月，中国共产党第四次全国代表大会就对工人阶级领导权以及工农联盟等问题进行了深刻剖析，并对中国革命前景做出了展望。大会在对中国工人运动的状况及趋势进行系统分析后得出结论，即中国工人阶级想要成为民族革命中真正的领导阶级，就必须有自己强固的组织和独立的工作[①]，大会还对中国未来的工人运动提出了一系列具体策略。首先，针对国民党右派的反共阴谋，大会决议案提出了相应对策：争取工会的公开与统一，倡

[①]　中国共产党执行委员会、中国共产主义青年团执行委员会：《中国共产党、中国共产主义青年团宣言——告此次为民族自由奋斗的民众》，《向导》1925 年第 121 期。

导集会结社与言论自由，使工人阶级意识到权益是靠自己的斗争所争取来的，而非国民党的恩赐，从而揭露反动派的真相。其次，党在领导工人运动时，口号不宜定得过高，要既能激起民众情绪，又不被反对派利用，避免失败后招致反动派的攻击。最后，也是最为重要的一点，工人阶级在民族革命中必须坚持阶级斗争，工人阶级可以在民族革命运动中支持或帮助资产阶级，但"无产阶级的政党应该知道无产阶级参加民族运动，不是附属资产阶级而参加，乃以自己阶级独立的地位与目的而参加，如此无产阶级在参加民族运动中，方不致失其特性——阶级性和世界性"[1]。"中国的民族革命运动，必须最革命的无产阶级有力的参加，并且取得领导的地位，才能够取得胜利。"[2]工人阶级是无产阶级的先锋队，要谨记同资产阶级的经济关系，即劳资对立的关系，因此工人阶级在民族革命中同资产阶级中的民族主义者也要坚持斗争，让民族主义者为谋求工人阶级的帮助而让步，进而利用民族主义者的协助向资产阶级发起进攻，这样坚定的阶级斗争势必能打倒国民党右派的反动势力。[3]以坚持阶级斗争为核心的工运策略的制定，为中国工人阶级获取民族革命的领导地位提供了极大帮助。

张佐臣回到上海后不久，便担任了上海沪西纱厂工会总主任。

---

[1] 中央档案馆编《中共中央文件选集 第1册（一九二一——一九二五）》，中共中央党校出版社，1989，第330页。

[2] 中央档案馆编《中共中央文件选集 第1册（一九二一——一九二五）》，中共中央党校出版社，1989，第333页。

[3] 中国共产党执行委员会：《为工会条例事告全国工人》，《向导》1925年第122期。

1925 年 5 月 2 日，海员工会、电车工会、印刷工会，大康、裕丰、日华、内外棉纱厂工会等 24 个工会团体召开会议，决定建立上海总工会筹备会。5 月 18 日，上海总工会筹备会在闸北会文路营业里召开临时会议，通过上海总工会之暂时章程，选举李立三为上海总工会第一任委员长，张佐臣当选为 9 名筹备董事之一，筹备工作在紧锣密鼓地展开。

二月同盟罢工后，工人们看到了自己的力量，也深信，有了自己的组织，一定能灭日本资本家的威风，维护本阶级的利益。上海工人整体革命氛围高涨，全国工人阶级一扫京汉铁路二七大罢工之后的低迷之态。这次罢工积累了领导大规模罢工斗争和全民革命的经验，特别是把工人运动和民族解放运动结合起来、以工人运动推动民族解放运动的经验。在罢工斗争中，党对各阶级的反帝态度也有了进一步了解，加入工会的人数日益增加。上海工人阶级通过这次大罢工的演练，加强了反帝反封建斗争的决心和勇气，锻炼了战斗能力，党在这次罢工斗争中所取得的经验和教训，在即将到来的五卅运动中得到了更进一步的发展和完善。

此时，中国共产党领导的纺织工运与全国工运一样，开始呈现高涨的趋势，于是，中国共产党决定，按纺织厂分厂组织工会以加强组织领导，如成立了内外棉纱厂工会、日华纱厂工会、同兴纱厂工会、丰田纱厂工会、大康纱厂工会、公大纱厂工会；并于各厂设立工厂委员会（实际上即分工会），其下按各工作处组织支部，从此在上海打下了规模空前的工会组织基础。工会越发达，日本资本家越恐慌，同时他们也对工人怀恨在心，伺机对工人实行报复和反扑。他们认为，如果任由工人这样下去，那么后果将不堪设想。同时，厂中的纠纷层出不穷，工会代表工人利益与厂家交涉。工会的用意，是这样办成习惯，即使工会在条文上未明确规定，在事实上也已为厂家所承认。但上海日商纱厂资本家对工人联合起来以工会形式争权利的现状耿耿于怀，认为必须予以扼杀。此时适逢1925年四五月间，纱市清淡，各纱厂企图压缩生产，日商便乘机向工人发起进攻。

5月7日，上海日本纺织同业会在日本人俱乐部开会。会上认为，对罢工工人的抚慰态度，必然形成承认工会的结果；而承认工会，则将贻害于将来，故做决议如下：

（一）最近主要在主义者①指挥下的工会，强制多数工人参加，每有机会即引起纠纷。根据这一理由，日本纺织同业会不能承认此种工会。工人如有要求，可直接向会社提出，同业会与此类工会一无关系。

（二）假如由于这一决议的结果，工会有唆使工人罢工之事，同业会坚决采取强硬态度，得断然处置，关诸厂门。

（三）关于上述第二项决议，应与上海工部局及中国官宪交涉，以求充分取缔煽动者及工会的活动。

---

① 指共产主义者。

日商公然撕毁二月同盟罢工的复工协议，引起了广大工人的愤慨，一场新的抗争风暴开始了。内外棉三、四厂和十五厂的工人接连自发罢工，其他各厂也准备行动。但工会代表们明白，当下不是个好时机，于是决定一边安抚工人自行商议，一边请求上级组织的指示。5月10日，工会召集罢工纱厂的工人代表和工会干部开会，研究如何击退帝国主义的进攻。经详细分析研究后，大家认为目前市场上棉价高、纱价低，日本资本家正想用关厂的办法来对付工人，故临时的零星罢工不能抵抗资本家的联合阴谋，但如果发动大规模的罢工，就会中敌人的圈套。所以，根据当时的情况，罢工时机尚未成熟，应劝告工人复工，但可用怠工和轮流罢工的方式来进行斗争，如用故意损坏机器、故意浪费原料、磨洋工、出次品等办法来智斗、暗斗。11日，罢工工人都上班了。

日本资本家见工人无条件复工，认为工会软弱可欺，以为如果不开除工会积极分子，那么劳资争议事件总是不会停止的，于是开始大批开除工会积极分子，妄想以此打垮工会。在内外棉各厂，凡发现有人征收工会会费立即开除，至14日，内外棉十二厂各厂已陆续开除了33名工会积极分子。面对日本资本家接二连三的挑衅，工人们忍无可忍，要求罢工反抗。14日，十二厂举行罢工。

5月15日，日本资本家借口十二厂无纱供应，要关闭工厂，并要工人出厂。上海日商内外棉七厂日班工人怒不可遏，纷纷责问日本领班约克生，并向他提出："不开工，也要发工资。"在工人们的连连驳斥和责问下，约克生理屈词穷，不知所措。到了吃中饭的时候，日本资本家"请"来普陀路捕房的捕头来"调解"，答应每个工人发半工工资。谁知，这是一个骗局。工人们一出厂，日本人马上把大门锁上，并在厂门口贴出一张布告，说是停工两天，只字未提发工资的事。日商纱厂工会立即召集夜班工人开会，刘华在会上要求大家加强团结，尤其是七厂工人应坚持上工，不受日本人挑拨。七厂夜班工人顾正红等即照工会布置，与几个积极分子分头通知夜班工人提早到厂门口集合。

下午5点钟左右，夜班工人陆续来到了厂门口，到5点半时，已聚集了五六百人。等到6点钟，厂门还是死死关着。顾正红从人群中挤上前，带着一群青年工人猛敲大门，并高声呼喊："快开门，我们要上工！"但是，厂里还是一点声息也没有。这时，顾正红带着愤怒的人群猛力撞开大门，涌进厂里。看门的日本人和"包打听"见工人进了厂门，急忙打电话给写字间，并举起木棍、铁棒殴打工人，当场有好几个工人被打得头破血流。顾正红见阶级兄弟被打伤，更是怒火冲天，一面高喊"东洋人打伤人啦"，一面带领部分工人直奔物料间，每人拿一根打梭棒以备自卫。这时，内外棉厂的副总大班元木、七厂的大班川村接到电话，带着打手赶来了，个个手拿武器、杀气腾腾。顾正红站在工人队伍的最前面，面对凶恶的敌人毫无惧色，厉声高呼："反对东洋人关厂压迫工人，不开工就给工钱！"川村和元木一看，带头的又是他们早已注意到的工会活动分子顾正红，就举起手枪，一枪击中顾正红的左腿，顿时鲜血直流。川村左右的打手见他开了枪，也纷纷动手，用铁棍、利刀竞相攻击工人。顾正红咬紧牙根，忍住伤痛，高呼："工友们，大家团结斗争啊！"工人们为顾正红的英勇行为所鼓舞，人人奋不顾身，挥动着拳头和打梭棒向日本资本家和打手们紧逼过去。这时，川村又朝顾正红的腹部开了一枪。顾正红忍住剧痛，倚靠在身边的一棵小树，依然号召工人坚持斗争。川村见顾正红如此顽强，就又朝他的头部开了一枪。顾正红晃动着身子，仍想与敌人血拼到底，但已力不从心。而川村见顾正红尚未气绝，就又上前补了一枪，打手们用铁棍猛击其头，以利刀数刺其身，计"中弹4处，刀伤10余处"，顾正红也终因伤势过重，倒在血泊中。同时被打伤的还有10余人。赤手空拳的工人与手持枪械的日本资本家及其打手坚持斗争了1个多小时，附近内外棉东、西五厂的工人也赶来支援。普陀路巡捕房闻讯派来大批武装巡捕，解了资本家和走狗们的围，斗争暂时平息了下来。

工人们怀着悲愤的心情，把顾正红等身负重伤的阶级兄弟扶上人力车，送往医院抢救，并去公共租界公廨"诉冤请验"。途中，顾正红喃喃地说："我不去东洋人的医院……"约莫七八百人随车护送，一路高呼："东洋人打死人了！""我们要报仇！"抗议的人群路经垃圾桥堍，交通为之阻塞，哀号涕泣之声，闻者为之酸鼻。两天后，顾正红终因伤重不治英勇牺牲，年仅20岁。①

---

① 《上海纺织工人运动史》编写组编《上海纺织工人运动史》，中共党史出版社，1991，第101—107页。

顾正红带领工人与日本纱厂大班和工头进行斗争

惨案发生的这一天，中共上海地方委员会一整天都在开会。李立三向会议报告了最近小沙渡工人斗争的详细情形和党应采取的政策，会议认真对此进行了讨论。傍晚，会议接到关于日本纱厂枪杀工人顾正红的消息后，当即决定派人赴小沙渡指导，先因日本人枪杀工人的问题要求群众各团体援助，形成一个群众反对日本人的运动。

李立三到了小沙渡后，立即以内外棉纱厂工会代表的名义写就《为日本惨杀同胞顾正红呈交使文》，并印成传单，在全上海广泛散发。这个传单揭露和控诉了日本资本家对二月同盟罢工的报复行径："复工以来，日人虐待，变本加厉。日人监工入厂，皆拾铁棍和手枪。工人偶一不慎，即遭棍击。罚款之苛，数倍于前。刻扣工银，更有奇法。"① "而收买流氓，捏造谣言，侵犯工人团体，违背条约，违背条约，开除代表，破坏工人组织，种种无理压迫，更与工人以难堪。"② 本月又犯下了屠杀中国工人的新罪行，因而要求驻上海交涉使"向日领严重交涉""惩办凶手，赔偿损失，承认工人等之要求，以平众愤而崇国体"。③ 这个传单为掀起各界人民的抗议运动，做了有力的舆论动员。

5月16日，中共中央发出第三十二号通告，号召"援助上海日商内外棉罢工工人，发动反日运动"。在党的号召和组织下，各日商纱厂工人纷纷举行罢工抗议。党组织发动学生、群众团体以及各报馆进行了广泛宣传和声讨，很快形成了上海人民的群众性抗议运动，许多学生开展讲演、募捐和公祭顾正红的活动，这些活动的参与人员又屡屡遭到帝国主义巡捕的殴打和拘捕。帝国主义的凌辱更加激怒了各阶层人民群众。全国各地的群众纷纷发电报抗议日本帝国主义对同胞的残杀，声援上海工人的斗争。一场新的反对帝国主义的政治风暴即将到来。

5月24日左右，总工会在宝山路宝山里开始活动。④5月28日，党中央召开会议，讨论上海政治形势和党的行动策略。李立三向会

---

① 唐纯良：《李立三传》，黑龙江人民出版社，1989，第56—57页。
② 上海社会科学院历史研究所编《五卅运动史料　第一卷》，上海人民出版社，1981，第552页。
③ 上海社会科学院历史研究所编《五卅运动史料　第一卷》，上海人民出版社，1981，第551、553页。
④ 中共中央党史研究室第一研究部编《李立三百年诞辰纪念集》，中共党史出版社，1999，第324—326页。

议报告了日本纱厂的形势，并提出建议："在这形势上（下）要得到胜利，必须扩大社会的运动势力，各团体各学生起来援助。"[1] 蔡和森也对李立三的想法表示了支持，他认为是时候动员社会各界参与到运动中、把经济斗争转化为民族斗争了。他的主张得到了绝大多数同志的支持。会议决定，5月30日在上海组织反帝示威大游行。党中央还决定成立一个由李立三任总指挥的秘密指挥部，设立在二马路的一个旅馆里，统一指挥30日的大游行示威。

5月30日，2000多名学生在党组织的号召下，分头去公共租界散发"打倒帝国主义"的传单，发表演说反对日本帝国主义枪杀中国工人，形成广大群众示威活动。租界巡捕继续拘捕学生，更加引起群众愤怒，万余人聚于英租界老闸捕房门前，要求释放被捕学生。英帝国主义巡捕向群众开枪，杀死上海大学生何秉彝等13人，伤几十人，造成了震惊中外的五卅惨案。当晚，党中央紧急召开会议，决定以工人阶级为主，组织各阶级联合战线，领导上海人民实行罢工、罢课、罢市，抗议屠杀政策。

5月31日晚，党发动和领导学生继续举行示威和演讲，上海市到处都是"反对工部局开枪杀人""罢工、罢课、罢市"的口号。[2] 各工厂工人和学生陆续开始罢工和罢课，抗议帝国主义的屠杀政策。

当晚，筹备会在上海宝山路召开各工会联席会议，宣布代表

---

[1]　唐纯良：《李立三传》，黑龙江人民出版社，1989，第57—58页。

[2]　唐纯良：《李立三传》，黑龙江人民出版社，1989，第58页。

21万工人的上海总工会正式成立，推举李立三为委员长，刘华为副委员长，刘少奇为总务科主任。在二月同盟罢工后，劳资斗争并没有因此而告终，相反地，还更加尖锐。上海总工会的成立使得上海工人有了一个坚强的战斗司令部。上海总工会成立后的第一件大事，就是下令全市各行各业工人，实行反对帝国主义的总同盟罢工，与帝国主义斗争到底。

身在会场中的张佐臣深深地感到一场以中国共产党为领导、以顾正红事件为起点的伟大的五卅运动即将爆发。此时的他刚刚从全国第二次劳动大会回来不久，满怀斗志，十分渴望投入新的工人运动中，因此，在这场运动中，他始终战斗在一线，不辞辛劳地为工人阶级的利益而奋斗。

九、追悼大会副指挥

　　顾正红英勇牺牲，11名工人受伤，惨烈的事实激起了日商纱厂工人的极端愤怒。正在开会研究沪西工人斗争应采取的策略问题的中共上海地方委员会立即做了如下决议：控告东洋人打死工人，发表新闻和宣言，开展反日运动。同时，内外棉纱厂工会发表宣言，控诉日本人的暴行，提出要惩办凶手、承认工会有代表工人之权等八项要求。中共上海地方委员会为此派李立三赴小沙渡了解情况、指导斗争。

　　为了加强斗争的领导力量，上海日商纱厂工会联合会①成立。中共中央为顾正红惨案连

---

① 中共上海市委党史研究室、龙华烈士纪念馆编，沈洁著《张佐臣画传》，上海人民出版社，2021，第25页。

发第 32 号、33 号通告，要求各地区党组织发动各界援助上海内外棉纱厂工会罢工，开展反日运动。5 月 15 日，张佐臣在广州参加全国第二次劳动大会后，便怀着满腔革命激情，立即返沪并投入战斗。5 月 16 日，内外棉七厂及其毗邻的内外棉东五、西五、八、十二等厂数千名工人奋起罢工，组织临时委员会，委员会下设纠察队、交际队、救济队、演讲队，张佐臣等被推举为上海沪西纱厂工会总主任兼任募捐主任，积极筹款接济罢工工人。参加罢工的工人徐大妹回忆："我们日华纱厂，在张佐臣等同志的领导下，成立了纱厂工会，并组织了募捐队、宣传队、纠察队，积极开展活动。我参加募捐队兼宣传，手拿毛竹筒，先后向商店和行人劝募，后来过黄浦江到上海拦汽车募捐。"①又以内外棉纱厂工会代表刘贯之、陶静轩暨全体工人 2.5 万人的名义印发《为日人惨杀同胞顾正红呈交涉使文》，以争取合法化，扩大影响。临时委员会准备开展大规模斗争，与内外棉近邻的文治大学、上海大学、南洋公学等校学生讨论援助工人罢工的事宜。上海 35 个团体 100 余人，在共产党的领导下，决议组织"日人残杀同胞雪耻会"，号召抵制日货、募捐救济，建议举行大规模示威运动，支援工人斗争。以顾正红惨案为先声，一场波澜壮阔的反帝运动开展起来了。

① 中共上海市委党史研究室编《上海党史资料汇编》，上海书店出版社，2018，第 273 页。

顾正红追悼大会

然而，日本资本家继续采取高压政策，进一步勾结上海公共租界，封锁舆论，逮捕工人，拘留学生，审讯被害者。面对这种情况，工会与俱乐部根据党的指示，围绕顾正红惨案，深入、广泛地发动群众，迎接反帝运动高潮的到来。为此，他们一面组织委员会，推定刘华、孙中英、张佐臣三人为总主任，下设庶务、文牍、外交、纠察、女工等部门组织，确定了各部门的负责人①，领导工人坚持和扩大罢工；一面以内外棉纱厂工会的名义，印发宣言、呼吁书，广为散发，以揭露真相，争取社会同情和支持。罢工得到了学界的及时声援，上海学生会议决定提出援助工人五项办法，进行宣传募捐。

5月18日，顾正红的遗体由家属及工会代表领出。当棺木到达潭子湾时，大批工人整队相迎，沿途一致高呼"誓死坚持到

---

① 卞杏英：《五卅运动大事记》，《上海师范大学学报（哲学社会科学版）》1980年第2期。

底！""要行凶的偿命！"等口号。到会的工人、学生等 4000 余人，闻家属痛哭之声均伤心落泪。但是，日本帝国主义除了关闭工厂、对工会的抗议和所提条件置之不理外，还以派兵来华胁迫当局镇压工人运动，通知租界工部局出动大批探捕，监视工人活动，拘捕工人积极分子，警告中国报纸不许登载工人运动的消息。

针对敌人的高压政策，中共上海地方委员会决定举行全市规模的顾正红公祭，张佐臣担任大会副指挥。在这次集会的前前后后，张佐臣全身心投入其中。作为三名总主任之一，张佐臣负责组织动员工人群众起来参加追悼会。他召集了各大工厂工会的负责人及工人党员，分成几个小组负责不同的片区、街道和工厂，动员广大工人参加顾正红追悼大会，张佐臣自己则做好各个小组的联络协调工作。他不辞辛劳，每天早出晚归，但双眼中始终闪烁着不屈不挠的光芒。他深入走访各不同系统的工厂，足迹遍布上海各工厂的街区巷道。相较于二月同盟罢工中只有日商纱厂工人的局部罢工，这次五卅运动的规模更大，参与的工厂更多，学生、商人也都参与了进来。由于参与人数众多，张佐臣还专门设置了会场负责秩序管理，使追悼大会既声势空前，又秩序井然。

5 月 24 日下午 1 时，内外棉纱厂工会在潭子湾举行顾正红追悼大会，到会者逾万人。讲台上顾正红遗像两边，悬挂着刘华写的挽联："先生虽死，精神不死；凶手犹在，公理何在？"遗像上的横额是"工人先锋"。遗像四周都是花圈和各工会送的匾额，帷幕后安放着的烈士灵柩上，覆盖着墨书的"东洋人打死中国人"的白绸。在会上，内外棉纱厂工会代表讲述了顾正红的简历和牺牲情况，与会者情绪激昂，一致挥着拳头高呼："反对东洋资本家枪杀工人！""为顾正红烈士报仇！"……当时的舆论认为，这样伟大的无产阶级集会，在上海是空前的。参加追悼会的人群中不时响起"替死难烈士报仇！""打倒帝国主义！"的呐喊。大会开始后，孙良惠主席致辞，报告开会宗旨，再全体向顾正红遗像三鞠躬。公祭后，恽代英、向警予、项英、刘华和各界代表分别向群众演说。刘华在演讲中鼓励大家斗争到底。他慷慨激昂地说："打死1个有10个，倒下10个有100个。火，是扑不灭的！"这次追悼会成了进一步动员群众反对帝国主义及其走狗的誓师大会，大家下决心沿着顾正红烈士的道路继续前进，决不后退。这次大会不仅打破了上海市民的沉默，而且因参加大会的学生被捕，以及上海工部局再次准备通过压迫上海人民的印刷附律、码头捐、交易所注册等提案，反帝的浪潮迅速地向全市扩展开了，并迅速发展为伟大的五卅运动。

顾正红被枪杀，还激起了深受外资吞并和排挤之苦的中国民族工商业界人士的愤慨。他们也走上街头进行演讲，散发传单："我们为争中国的主权，应该反对日本人在中国设立工厂！我们为杜中国的漏卮，应该大家不买东洋货！我们为救同胞的性命，应该要求把开枪的日本凶手替屈死的小沙渡工人顾正红偿命！起来！起来！"[1]宁绍台工商协会、国民对日外交协会等资本主义团体，决

定调查惨案情况，慰问受伤工人家属和援助内外棉工人委员会。这个时候，英、日、美等帝国主义国家通过上海租界工部局提出增加码头捐、实行交易所领照、印刷物附律、取缔雇用童工的"四提案"，这更激起了广大市民的爱国热情。上海总商会暨其他 29 个商业公团一致抗议："吾人以为码头捐，现时绝无增加之理。至于印刷物附律、交易所领照，在法律上、条约上、国权上，均应完全反对。"①

---

① 陈其美：《上海各商业团体联名抗议四提案的宣言》，《民国日报》1925 年 6 月 1 日。

十、五卅运动急先锋

　　一场反帝斗争的风暴在各界悄然酝酿。

　　5月26日，全国学生总会开会决定通告全国各校一致出发演讲，唤起民众注意。[①]同时，上海学联开会，讨论募捐援助工人、营救被捕同学和筹备宣传等事。5月27日，国民党上海执行部宣传委员开会，出席委员共28人，决定于翌日，每一委员带一工人代表赴各校报告日本人虐待工人之经过。28日，上海各校学生得此报告，均甚愤怒。29日深夜，28名委员报告执行部，言各校于30日停课，出发演讲。

　　5月28日，党中央在上海召开了会议，要

把工人的经济斗争与目前正在蓬勃发展的反帝斗争汇合起来，要使工人斗争表现明显的反帝性质以争取一切反帝力量的援助，同时使工人加入总的反帝战线而成为这一战线的中坚。为此，党中央决定在 5 月 30 日趁会审公堂"审判"因援助日商纱厂工人而被捕的学生时，发动一次反帝大示威。

5 月 30 日清晨，在潭子湾的一些工人积极分子，前往南京路、浙江路、贵州路、东新桥一带示威。不久，便有 3000 余名工人、学生分头到租界各繁华马路散发传单，讲演顾正红被杀及学生被捕之事，向市民们控诉帝国主义者压迫、屠杀工人的罪行。他们边演讲，边散发传单。有的传单上写道："……现在小沙渡还是中国土地，中国人还不是亡国奴，而竟杀死了人连冤都不能呼一声吗？中国人还是人吗？……人是有恻隐之心，有羞耻之心的，人是宁为玉碎不为瓦全的。国人还想做人吗？请大家一致起来援助，一致起来反抗奋斗，一致起来为中华民国争国体，为中华民族争人格，我们凭我们的勇气，凭我们的热血，我们情愿做前驱！"有的传单上大声疾呼："大家起来，反对日本帝国主义！""工人顾正红已经被日本暴徒枪杀了，凶手却没有人敢于过问！""当真亡了国吗？当真我们大家已经都是日本帝国主义的奴隶牛马了吗？""我们中国人要帮助中国人！反对一切袒护日本帝国主义的中外势力，我们要求大家起来向日本帝国主义及其走狗作战！"广大市民同仇敌忾，和宣传队一起高呼："打倒帝国主义！""上海是中国人民的上海！"长期埋在上海人民心中的怒火，熊熊燃烧起来了。

下午，各演讲队逐步集中到南京路一带讲演。此时，南京路上人越聚越多，巡捕又开始捉人，仅南京路老闸捕房就拘捕了100多人。经过五四运动，学生已经有经验了，他们预先组织好，谁被抓，大家就一起跟去。到后来，巡捕房里关不下那么多人，只好捉一批，放一批。老闸捕房门口"群众云集，水泄不通"，愤怒的群众高呼口号："打倒帝国主义！"声音隆隆，几欲掀翻这围墙铁栅！下午3时45分，残暴的帝国主义分子竟下令巡捕向手无寸铁的群众开枪射击，顿时血肉横飞，惨不忍睹，群众大乱四散。这一日，当场打死13人，打伤几十人，被捕者53人。霎时间，伟大的中国人民的鲜血染红了南京路，酿成了五卅惨案。①

五卅惨案带来的疼痛是刻骨铭心的，也是催人警醒的：工人阶级必须强大自己的组织，必须团结起来了。二月同盟罢工后，上海工会虽然茁壮成长，却只有20来个雏形组织，人数不到2万，主观力量薄弱。五卅惨案后，中国共产党知道，非有一总工会不足以指挥偌大的群众，遂根据第二次全国劳动大会的决议，决定成立上海总工会。②

---

① 《上海纺织工人运动史》编写组编《上海纺织工人运动史》，中共党史出版社，1991，第109—110页。

② 邓中夏：《邓中夏文集》，人民出版社，1983，第579页。

上海总工会旧址

5月31日晚，上海总工会筹备会在李立三主持下举行联席会议，决定正式成立上海总工会。6月1日，上海总工会正式挂牌，会址设在宝山里2号（今宝山路393号），后迁至共和新路。上海总工会一成立，第一件大事，就是下令全市全体工人，实行反对帝国主义的总罢工，对帝国主义斗争到底，并发表了《告全体工友书》，其中有"我们的身体好像牛马一样，我们的性命好像虫蚁一样"的内容，反映出当时工人的心声。《告全体工友书》号召"全埠工友全体一致罢工。报仇雪耻，反抗残暴杀人的外国强盗"。以总工会为主体的"总罢工、总罢课、总罢市"运动就此发动起来了。围绕这一中心任务，上海总工会明确了组织体制。总工会在执行委员会之下，分设总务、交际、会计、宣传、组织等科，并于必要时设立特种委员会。张佐臣担任宣传科副主任，他和主任刘贯之、副主任严敦哲一起，带领若干宣传员，主要负责工会的宣传和教育事项。[①]

张佐臣的宣传和演讲能力在二月同盟罢工和顾正红追悼大会上得以充分显现和锻炼，在邓中夏等工运领导人的帮助和指点下，他对工会、工人运动的认识也不再停留在简单的争取经济权利上。他深深地感悟到，广大工人的经济权利建立在政治权利的基础上；不然，即使得到了经济利益上的提高，也只是暂时的，因为资本家追求利润最大化的本质不改变，与工人阶级追求自身权利的诉求永远是矛盾的，二月同盟罢工后，日本资本家的出尔反尔就是最好的例证。而在中国共产党领导下，工会的出现为全国工人阶级建立了一个家园，它为工人争取权利，同时也让工人能够像军队一样，紧紧地团结在一起，向资本家们宣战。张佐臣认为，他要做的，就是让更多的工人知道自己现在所过的牛马般的日子是可以改变的，他们也可以真正过上人该有的生活。他想让工友们不再麻木、顺从，他要让更多的工人点燃心中那团火。而现在正是一个重要的契机，他要让更多的工友参与到这场"总罢工、总罢课、总罢市"运动中。

总工会成立后，张佐臣立刻去看望了大康纱厂的工友们。见到佐臣来了，昔日的工友都向他聚过来，他们上下打量着这个昔日的工友。短短几个月时间，他似乎已发生了脱胎换骨的变化。除了个子更高、人变得更黑瘦了之外，他那一双乌黑的大眼睛也更加炯炯

---

① 中共上海市委党史研究室、龙华烈士纪念馆编，沈洁著《张佐臣画传》，上海人民出版社，2021，第 28 页。

有神、更加坚定了。与大家拉起家常、聊起天来总让人感觉如沐春风，又不失一名工运领导人的风范。

他关切地向大家询问道："大家最近几个月过得怎么样？有没有被日本资本家欺负？工资有没有按时发放？"

听到询问后，大家纷纷低头不语，暗自唉声叹气。张佐臣关切地再次问道："'二月同盟罢工'后，日本人遵守约定了吗？大姐，你说说看？"

大家纷纷向角落里一名十七八岁的青年女工看去。

"佐臣哥，日本人太欺负人了，就刚谈判好后那一段时间是按时发工资的，现在已经一个半月没有发工资了，还让我们天天加班，家里都没饭吃了！"这位女工边说边抹眼泪。

一位年纪稍大一点的女工补充道："是啊，是啊！他们还动不动打骂，有时候实在太累了稍微打个盹，被工头见到了，就是一顿拳打脚踢。我现在身上还有淤青呢。"说着便要撩起袖子给他看。

话匣子一打开，大家就你一言我一语，纷纷对最近遭到的不公待遇进行了控诉。

待大家说完后，张佐臣从座位上站起来，说道："工友们，资本家们是不会停止对我们的剥削的，不从我们身上榨干最后一滴血是绝对不会罢休的。我们一个人、两个人是很弱小，但是我们团结起来就不一样了。大家应该听说过最近我们的工友，内外棉七厂顾正红的悲惨遭遇吧！日本资本家居然对我们手无寸铁的工人同胞开枪，残忍程度真是令人发指！5月30日，我们的一些工人先锋、学生上街进行示威抗议游行，残暴的日本资本家居然让巡捕开枪射杀我们的同胞，死伤无数，血染红了整条南京路。"

"工友们，我们不能再坐以待毙。资本家是不会发善心的，我们要起来反抗！我们要报仇雪耻！我们不要再过牛马般的日子！我们要做真正的人！"

"对，我们要反抗！我们工人也是人，凭什么他们资本家整天锦衣玉食，什么活都不干，还穿得那么好，吃得那么好？我们工人整天像骡子一样干活，还动不动被打骂，却总是吃不饱，穿不暖。这不公平！"一个小伙子大喊道。

"对，这不公平……"大家你一言我一语地愤愤不平起来。

过了一会儿，张佐臣做了一个手势，让大家安静下来。他说道："资本家和我们工人的矛盾是不可调和的，我们个人又势单力薄，因此我们要团结起来。"接着他压低声音，说道："大家听说过中国共产党吗？中国共产党是中国工人阶级的先锋队。现阶段最重要的任务就是帮助我们工人改变这种一直被资本家欺负的局面，让我们工人兄弟们有朝一日也能翻身当主人。"

"佐臣，你说吧，我们应该怎么做，我们听你的！"大康纱厂的一名工友说道。

"工友们，中国共产党现在已经在上海建立了总工会，这个总工会就是我们工人阶级的代言，总工会还会在各厂设立工会，为大家争取利益。因此，大家要记住，以后受了欺负可以找工会，当然也可以找我。"

"太好了，太好了，还有这样的组织啊！我们可以加入吗？"有人问道。

"当然，工会欢迎所有工人同胞加入，而且我们也不允许有同胞受到欺负。我们的同胞顾正红，还有 5 月 30 日在游行中牺牲的同胞们，我们绝不能让他们的血白流！党组织已经做出决定，由总工会发出号令，在全市范围内发动'总罢工、总罢课、总罢市'运动。到时候各级工会会发动大家参加，大家一定要团结起来，积极参与！"

"我们一定参加！"

"对，我们要参加！"大家纷纷表达了自己参与大罢工的愿望。

"大家除了自己要参加，还要动员身边的工人朋友们参加，罢工的范围、气势越大，对大家越有利！"张佐臣补充道。

接着，张佐臣又跟工友们聊了一会，便向他们告辞，奔赴另一个工厂进行动员。

从总工会成立到大罢工开始，张佐臣从未停歇过，而他的讲话极富感染力，被他动员参与大罢工的工人非常多。

6 月 2 日，全上海工人罢工、学生罢课、商人罢市。总罢工之初，各行业工会组织罢工工人上街集会游行，散发传单。罢工进入相持阶段后，上海总工会通告各办事处，以及各直属工会、组织演讲团，到各工会、城乡各地演讲，宣传废除不平等条例和抵制洋货。罢工期间，党组织和工会经常派人去工人家送救济金，帮助工人解决生活困难，鼓励工人斗争。广大工人纷纷表示，一切按照上海总工会的命令去办。

五卅运动爆发时上海总工会的游行队伍

为了方便工会和工人办事，同时加强对各工会的指导，上海总工会在主要工人区域设立办公处。1925 年 6 月，在上海总工会的领导下，张佐臣和杨之华等人在浦东陆家宅、烂泥路地区（今陆家嘴地区）组织了浦东罢工委员会，张佐臣担任浦东罢工委员会办事处[后改为上海总工会第三（浦东）办事处]主任。在浦东负责接应张佐臣、杨之华，协助他们筹建工会并设立上海总工会浦东罢工委员会办事处的是祥生铁厂的钳工领班杨培生。杨培生是上海人，年纪也比张佐臣要长二十多岁，但他十分崇拜张佐臣，敬重张佐臣是一名共产党员，时刻以他为榜样。杨培生是张佐臣一生的挚友，他们在革命道路上肝胆相照，有着深厚的革命友谊，成了忘年之交，还在生命的最后一刻共同慷慨赴死。

在张佐臣的指导下，杨培生尽心尽力筹备成立祥生铁厂工会，租赁了浦东五福弄三德里的一间房子作为工会会所。凡登记造册，书写文告、标语之类的工作，都由他一人包揽。杨培生幼年跟随父亲读书，认识不少字，且写得一手好书法，同时，他办事老练、持重、办法多，被工友唤作"赛诸葛"。祥生铁厂工会成立后，杨培生被推选为会长。在祥生铁厂工会，张佐臣向杨培生等工会骨干交代了几项工作：搞好工会小组，马上组织纠察队，封锁厂门，防止坏人钻空子破坏罢工；随时听候党组织和总工会的调遣，有新指示和新命令的时候，积极响应号召，奋起抗争，发挥出工会的力量。

背景为祥生船厂

张佐臣走后，杨培生等骨干立即分工，连夜到工人家里拜访，物色了一批工会积极分子。第二天清早，他们按照不同工种，将10个人编成一个小组，选出小组长，并成立了纠察队。从此，工会组织严密了，纠察队也活跃起来了。

张佐臣任上海总工会第三（浦东）办事处主任期间[1]，全身心

---

[1] 中共上海市委党史研究室编《上海党史资料汇编》，上海书店出版社，2018，第225页。

地投入运动中。通过祥生铁厂的杨培生，张佐臣先后联系了日华纱厂、英美烟厂等厂的工人，掌握情况，物色骨干，筹建工会，先后培养了徐大妹等五卅运动中涌现出来的工人积极分子，并介绍他们加入中国共产党。

在上海总工会的领导下，英美烟厂工人举行了罢工。为了粉碎军阀和帝国主义的镇压，进一步领导英美烟厂工人罢工斗争，上海大学中共党组织派遣共产党员杨之华，与张佐臣等人一同前来领导烟厂工人罢工斗争，组织工会，扩大党的组织。6月6日，在杨之华、张佐臣的带领下，英美烟厂工人在原烟草工人俱乐部的基础上，成立了英美烟草工人会。英美烟草工人会的成立极大地鼓舞了工人群众的斗志。6月7日上午8时，英美烟草一、二、三厂的工人在张佐臣的领导下，从花园石桥养心学校门口出发游行，以示罢工决心。游行队伍经过吴家厅刘公庙、其昌栈、十八间、开平局、杨家渡等处，沿途加入者达2000余人。6月11日，英美烟厂工人在工会干部的带领下，从杨家渡过江，前往南市公共体育场参加市民大会。一路上，大家高呼"打倒帝国主义""为顾正红烈士报仇"等口号。与此同时，张佐臣还在日华纱厂建立工会组织，并直接领导反帝总罢工。那时，日华纱厂工会在张佐臣的领导下，工作相当积极，除通过唱各种小调进行口头宣传外，还组织演出反军阀的戏剧活动。"记得有一次，在浦东烂泥渡大兴舞台上演反孙传芳的戏，演到孙传芳这个反面角色上场时，台下十几个警察上台来抓这个演员，我们的人都在前排，有的把凳子丢上戏台打警察，有的跳上台去保护演员。那班警察被打得七零八落。"[1]这次戏虽然未演完，但在政治上影响很大。烂泥渡老百姓都知道了，日华纱厂工人经过五卅运动的锻炼，已经成了一支有组织、有领导的革命队伍，大家团结一心就能发挥巨大作用。上海纱厂总工会成立后，张佐臣被推选为主要负责人之一[2]，同时担任中共上海（江浙）区委候补委员，分管群众工作。

罢工坚持了118天，最终迫使资方答应了工人提出的11个条件。另外，资本家还被迫同意，罢工期间，给每人发2元钱，这使得工人们深切体会到了团结的力量。复工那天，大家庆祝胜利，兴奋地排着长队，举着标语牌，高呼着口号，绕厂游行一圈。如火如荼的五卅运动取得了初步的胜利。罢工期间，张佐臣坚决响应总工会号召，领导工人克服生活困难，坚持斗争。8月中旬，日商纱厂资本被迫接受下列条件：各厂酌加工资；今后不得无故开除工人，厂内日本人不得携带武器；抚恤顾正红家属1万元；赔偿工人罢工期间损失10万元；处分元木、川村等人。日商纱厂最先达成复工决议，继而华商、英商等厂均先后达成复工决议，陆续复工。五卅运动是一场规模宏大的罢工，帝国主义在政治上受到沉重打击。在上海人民反帝怒潮的冲击下，日本帝国主义威风扫地。五卅运动迅速席卷大地，中国成为东方被压迫民族工人运动举世瞩目的中心。

同时，五卅运动时期，组织和发动这场反帝斗争的中国共产党

---

[1]　中共上海市委党史研究室编《上海党史资料汇编》，上海书店出版社，2018，第274页。
[2]　中共上海市委党史研究室编《上海党史资料汇编》，上海书店出版社，2018，第224页。

不仅始终为运动制定正确的政策、策略，而且像张佐臣一样的工人先锋党员时时处处站在斗争前列，共产党人在斗争中赢得了全国人民的信任，因此，党组织得以迅速发展。五卅运动后，各阶层人士纷纷要求加入中国共产党。五卅运动前，全国党员人数为900多人；到1925年底，党员数量猛增至1万多。张佐臣也通过领导和参与五卅运动真正成长为一名工人运动领导人。

五卅运动中的上海

十一、平民夜校到浦东

　　五卅运动发生之后，中国共产党成立了上海总工会，组织触角延伸至社会最基层。中国共产党高举反帝爱国旗帜，上海总工会很快在工人中间拥有了较高的组织号召力。在浓厚的革命气氛的感召下，上海总工会迅速发展壮大。截至1925年7月28日，上海总工会领导下的工会组织已从五卅运动前的20个增加至117个，会员人数从2万增加至22万。①6月5日，中国共产党在《告全国民众书》中提到，"这次上海事变的性质既不是偶然的，更不是

---

① 秋石、江滨、同甫编著《五卅运动中的上海工人》，上海人民出版社，1959，第19页。

法律的，完全是政治的"①。五卅运动表现出浓烈的政治色彩，民众反帝意识和爱国热情空前高涨，成为上海党组织动员工人成批加入工会的重要动力。此时，上海工人的维权意识和斗争意识更加强烈，工人罢工的性质也发生了较大变化，从之前单纯的经济罢工向政治罢工转变。邓中夏指出："'五卅'运动后，中国工人阶级从此不止回旋于日常生活的经济要求，或普通自由的政治要求，而已走上了革命的大道。"②

在总工会不断壮大的影响下，上海（江浙）区委更加重视在工厂委员会的基础上组织产业总工会。工厂委员会是在若干工厂小组的基础上成立的，是工会的中坚组织。一般而言，"五、在同一产业或职业有两个相连以上之小组，便可以成立作坊地方工厂委员会。六、联合相邻之二个以上的工厂委员会，便可成立该产业和职业工会。"③。究竟是组织产业工会还是组织职业工会，中国共产党内部意见不一致，但总体认为产业工会更加有利。邓中夏的意见最有代表性，他认为，"产业组织比职业组合好"，原因在于，产业组合可以使工人团体的势力"扩大而统一"，"可以致资本家的死

---

① 中共中央文献研究室、中央档案馆编《建党以来重要文献选编（一九二一——九四九）　第二册》，中央文献出版社，2011，第 377 页。

② 上海社会科学院历史研究所编《五卅运动史料　第一卷》，上海人民出版社，1981，第 22 页。

③ 《工会的基础组织与其职任决议案》（1926 年 1 月），载中共中央文献研究室、中央档案馆编《建党以来重要文献选编（一九二一——九四九）　第三册》，中央文献出版社，2011，第 85—86 页。

命"，还"可以消除工人间之等级"。①所以上海根据产业属性和地域分布成立了多个产业总工会。上海总工会会员的产业构成大体与上海产业分布成正比，作为上海支柱产业的纱厂，其工人在上海总工会中的人数达 125753，占会员总数的 57.49%②，有半数之多，因此组织纱厂产业工会势在必行。1925 年 8 月 20 日，上海纱厂总工会成立，张佐臣被推举为主要负责人之一。

上海总工会仍坚持通过成立平民学校来对工人进行宣传教育。首先是教人识字，启发民智，再是教授革命道理，这在推动革命前进的道路上发挥着不可或缺的作用。1925 年 9 月，上海总工会与上海学生联合会一同组建平民教育委员会，处理平民学校相关事务。③

作为一名五卅运动的亲历者、领导者，张佐臣自然能够深刻地感受到这种变化。五卅运动后，他心中萌生了举办更多工人学校的念头，这源于杨培生与他的一次谈话。聊起五卅运动的时候，杨培生告诉他，当时厂房的墙上、路旁的灯柱上，贴满了布告和标语，但许多工人都不识字，只能听人讲，没有人讲的就把布告带回去，找识字的人念。同时，许多工人思想里面没有很强的权利意识，封

---

① 邓中夏：《劳动运动复兴期中的几个重要问题——贡献于第二次全国劳动大会之前》（1925 年 5 月），载中共中央文献研究室、中央档案馆编《建党以来重要文献选编（一九二一—一九四九） 第二册》，中央文献出版社，2011，第 334—335 页。

② 中央档案馆、上海市档案馆编《上海总工会被封闭后之工作概况》，载《上海革命历史文件汇集：上海各群众团体文件（1924—1927 年）》甲 10，1988，第 90 页。

③ 中央档案馆、上海市档案馆编《上海总工会被封闭后之工作概况》，载《上海革命历史文件汇集：上海各群众团体文件（1924—1927 年）》甲 10，1988，第 124—125 页。

建思想很浓厚。张佐臣听后，立即表示："党组织早就考虑在工人中间兴办补习学校，通过教育宣传擦亮工人的眼睛，向工人传播革命知识，培养革命骨干。"说干就干，张佐臣亲自集结了上海各厂所属工会的联络人，组织力量、寻觅校址，以最快时间成立了各工会所管辖的工人夜校，师资力量也是由他来想办法。彼时，出于工作的原因，上海大学的学生杨之华和他在五卅运动中逐渐相知相熟，同时他也了解，上海大学是一所追求革命真理、追求进步的大学，他崇拜的著名工运领导人邓中夏也曾担任上海大学总务长。邓中夏在上海时经常到工人夜校去演讲，不仅从思想上启发、引导学生，还亲自带领他们到实际斗争中去锻炼。邓中夏通过办夜校，达到教育群众的目的，组织工人到夜校上课，在此过程中同工人群众相结合，从而发现人才、选拔人才，为党组织培养工会骨干。由于学生里党员和团员众多且极富革命激情和热血，上海大学的学生，特别是社会科学系的学生，经常轮流到各夜校给工人上课，因此，由这些学生来教工人识字和学习革命思想再合适不过了。张佐臣担任中共上海（江浙）区委候补委员后，按照之前进德会的模式，亲力亲为，组织成立了工人夜校和平民教育学校，这些半工半读的学员来源成分，逐渐包含了各个工会的工人会员。工人学校的成立和发展，使党和基层工人之间的距离更近了一步，也促进了工人当中党员人数的增加，并且为后来的革命活动储备了力量，丰富了工人的知识，提高了工人的素养，增强了工人的组织性和纪律性，为上海工人三次武装起义奠定了基础。

在上海总工会的领导下，张佐臣在陆家嘴路、烂泥渡路等地组织成立了浦东罢工委员会办事处，并担任浦东罢工委员会办事处主任，同时也协助其他工厂建立了工会组织。为了让更多的工友得到接受教育的机会，张佐臣在浦东陆家宅（烂泥渡）主持开办了一所平民学校，自任校长和教师，工会出钱买了一批课桌、凳子。位子不够，工人就自己带凳子来。学校采用讲故事等群众喜闻乐见的方式进行教学，吸引了许多工人来校学习。祥生船厂、日华纱厂、英美烟厂的工人听说上海总工会在浦东办学校，想到能读书，而且报名手续简单，免收学费，只收2角钱的灯油钱，便一窝蜂地涌进工会，争先恐后地报名。学校的房子本就是租来的，房间只有二楼两间和底楼一间，容纳不了这么多工人，学校教师就增加了日班，宁愿多辛苦点，也要让更多工人接受教育。

一个秋天的夜晚，学校正式开学。连学校大门都没有跨进过的贫苦工人，第一次带着工会发的书本，心情愉快地走向自己的工人学校。刚走到学校门口，工人们就被贴在墙上的几幅漫画给迷住了。大家挤在门口，看得出神，没有一个人走进教室。校长兼任教师的张佐臣和教师杨之华走出来，问大伙："这幅画怎么样？有没有意思？"

"有意思，有意思，画得像极了。这些洋鬼子仗着洋枪洋炮，将大轮船开到上海滩，吸干了中国人的血汗。图画在墙上，虽然不开口，可是比说话清楚呀！"铆工班的一名学徒叫朱云生，他踮起脚尖，扬扬手回答。

"对头了，画里有话，简直说出了我们工人的心里话。"大伙跟着回应道。

"你们知道这些东洋的、西洋的洋鬼子们是怎样进的上海吗？"张佐臣又问了一句。大家一下被问住了。有的低声问老年工人，有的说："听是听祖辈说过，但年代太久，记不清楚啦。"

"大家都进屋来吧，我们会从头到尾把这些事情讲清楚的。"杨之华朝工人们招招手。接着，大家纷纷走进教室，一排排端坐。

在学员翻开书本之前，张佐臣先在黑板上写了一行大字：1840年鸦片战争。接着他又用洪亮的声音说，"85年前，英国人派兵攻打南方的广州，挑起了鸦片战争。清朝政府被打败了，签订了不平等的《南京条约》。从那时候起，上海还有其他的港口被辟为通商口岸，大批外国兵舰、装鸦片烟的船、运中国私茶的船都开来了，明面上做生意，其实是抢我们的银子。从此黄浦江两岸成为洋鬼子的世界，中国的地皮被强夺过去当租界，中国人的颈项上被套上了铁链条，给洋鬼子当牛做马……大家想想，中国人为什么饿得面黄肌瘦？穷人连活命都难？而洋鬼子们为什么可以在中国的土地上作威作福、横冲直撞？是中国人命苦，外国人命好吗？不是！这些都是骗人的鬼话！我们要是不站起来打倒洋鬼子，别说自己受苦受难，连后代的子子孙孙都翻不了身……"

这些话像黑夜的明灯，温和的光芒照亮了大家的心。大家你拍拍我，我碰碰你，互相之间小声地说："洋鬼子好比一条毒蛇，被它咬住了，有命也活不长。"

"不能躺在地上任蛇咬，拿起大刀斩死它嘛！"

教室里一片喧腾。张佐臣一摆手，大家又静下来。他开始上课了。第一课是：

你是工人，

我也是工人，

天下工人都是自己人。

张佐臣教工人识字后，合上书本，向大家谈革命道理。他说："世界上什么人最能干最有用？是劳动人民！"

朱云生等不及张佐臣往下讲，突然站起来说："就是我们这些整天挥榔头使锉刀的老粗吗？"

"对！没有我们工人，机器不会从天上掉下来，东西也不会从地里冒出来。"张佐臣说到这里，另外一个工人风趣地插了一句："资本家即使会变戏法也变不出来啊。"

张佐臣继续说："我们工人都靠劳动吃饭，谁都不想压榨谁，没啥利害冲突，应该你拉我，我帮你，大家团结一致，反对帝国主义和军阀的压迫。"怕自己讲得还不够透彻，张佐臣特地举了一个例子："我们这次大罢工，反对英国、日本帝国主义，就得到了全世界工人的帮助，连英国、日本的工人也支持我们的斗争，这就是天下工人都是自己人的道理。"他想起了什么，指了指正听得津津有味的工人徐敏畅，又点了点另外一个工人："你是宁波人，他是上海人。只要是工人，绝不能分帮派，要做到千条绳搓成一条绳，千股劲拧成一股劲。我们要团结得紧，更要有工会的党组织领导，靠参加什么帮，结拜什么弟兄那一套来与帝国主义斗争，吃亏多胜利少。"

这句话说到了徐敏畅的心里，他的喉咙痒得止不住了，站起来说："张老师说得千真万确，在我们祥生船厂还就真有这种事。"

这天晚上，张佐臣讲了足足两个小时。9点钟敲过，该下课了。可是大家的腿好像被磁铁吸住了似的，谁都不肯起来。杨之华走来跟大家说："我们来一起唱个歌好不好？"

"好！好！"工人们哗哗地鼓起掌来。

杨之华放开嗓子，领着大家唱了一首《五卅小调》：

五色国旗当中飘，五月三十起风潮，

打死了许多同胞，哎呀！哎呀！

同胞们大家醒呀！

帝国主义要打倒，不平等条约要取消，齐心一致来斗

争，哎呀！哎呀！

同胞们向前冲呀！

大家唱了几遍，歌词唱得滚瓜烂熟、铭记于心，才高高兴兴地散了，各自回家。

张佐臣、杨之华这样通俗、启发式的教育方式深受工人们的欢迎，他们很快就跟工人们亲密地打成了一片，他们鼓励工人们积极参加大罢工中的各项活动，并且亲自带领学生到浦东郊区，向田地里的农民兄弟宣传，希望工人、农民团结一致，一起反对帝国主义，抵制英国货、日本货。

张佐臣创办的工人补习学校，是一座共产主义学校，将解放全人类的伟大思想教给先进的工人阶级。在学校里，在党的培养教育下，工人们都提高了阶级觉悟，大多数人成为上海工人连着三次武装起义的开路先锋。后来，祥生船厂的共产党员增加到四五十人，还吸收朱云生等40多个小伙子参加了共产主义青年团。

党是战斗的堡垒！党的队伍成长壮大了，就能掀起新的斗争风暴。

平民学校的老师通过讲故事、组织文化娱乐活动等方式进行的教学，对平时辛苦劳作的工人有很大的吸引力。原来那些一放工就在茶馆里听说书、点唱曲消磨时光的工人，很多都成了平民学校的学员。许多学员经过学校的教育，识了字，提高了觉悟，逐渐成为工会的活跃分子，许多人入团入党，勇敢地投入大革命的洪流中。据1925年11月4日中共浦东部委向中共上海区委的报告，整个浦东地区的中共党员从五卅运动前的4名增至120名。在浦东部委所辖8个支部中，祥生支部的工作做得最好，党员已达14名。

在夜校接受了教育后，许多工人逐渐成为工会活动积极分子。中华人民共和国成立后，徐大妹回忆："我在平民夜校活动中，听了政治报告和一些宣传活动，开始接触了共产主义思想。后来由张佐臣和陈之一介绍，我加入了中国共产党。从此开始了我在党的领导下进行革命活动的生涯。"[1]1925年秋，张佐臣活跃在上海总工会

① 中共上海市委党史研究室编《上海党史资料汇编》，上海书店出版社，2018，第275页。

第四办事处，在中共浦东部委、南市部委及曹家渡地区党的组织等
地方办事处当中，积极开展工作，被工人和群众亲切地称为"张大
哥"。像这种在五卅运动后开办的平民学校还有很多，在小沙渡、
曹家渡、引翔港、杨树浦等地都有。上海党组织还从平民学校中提
拔了大批学员，到上海总工会和各区办事处从事工会领导工作[①]，各
平民学校还成了各区域工会组织的公开接洽处。[②]

---

① 秋石、江滨、同甫编著《五卅运动中的上海工人》，上海人民出版社，1959，第19页。

② 中央档案馆、上海市档案馆编《上海总工会被封闭后之工作概况》，载《上海革命历史
文件汇集：上海各群众团体文件（1924—1927年）》甲10，1988，第124—125页。

十二、中华全总任执委

    1926年4月8日，中华全国总工会发布了关于召开第三次全国劳动大会的通知。通知指出，中华全国总工会已成立一周年，一年来全国工会运动之发展及其奋斗之事件，均有伟大意义。因此，中国工人阶级有必要在这个伟大的世界劳动纪念日中对自身优势做一个自我检阅，并进一步规划以后的斗争方法。中华全国总工会决定，将于5月1日在广州召集第三次全国劳动大会，同时改选本会执行委员会，希望各工会派代表参加。通知要求，凡工会有会员500至2000人的，得派一代表参加，此外每增加2000人得派一代表。会员不足500人的小型工会，得联合其他人数较少的工会共同选派一代表。各工会推选过后，张佐臣再次作为上海工人代表正式出席这次劳动大会。随后，张佐臣着手准备率领上海工人代表团前往广州参加大会。

1926年5月1日，第三次全国劳动大会在广州市国民党中央大礼堂开幕。与会代表共计502人，他们代表的是有组织的124万多名工人和699个工会组织。英、俄、法、德、美、日等国家的工会组织代表也应邀参加。中共中央执委会、国民党中央执委会都向大会发来了贺词。中华全国总工会秘书长邓中夏代表中华全国总工会向工友们致开幕词。

第三次全国劳动大会入口处

邓中夏在开幕词中指出：上海五卅惨案的发生是帝国主义对我们爱国同胞的屠杀，并且（帝国主义）在青岛、汉口、九江、南京、广州、重庆等处施行同样的屠杀，所以凡爱国同胞无一不起来努力奋斗，这才有了五卅运动。五卅运动席卷全国，上海工人的罢工持续了三个多月。在这次战斗中，广大工农是反帝运动中很重要的势力。如今中国革命的潮流已经高涨，这种革命潮流的高涨是广大工农努力的结果，因此在这不到一年的时间里，工农团体的数量有了很大的发展，十分让人欣慰。①

同时在开幕词中，邓中夏沉痛地提到：在这一年时间里，我们的工人兄弟、领导人有不少牺牲的，他们为了打倒帝国主义、军阀而牺牲，如上海有刘华、顾正红等。对于这些损失，我们感到十分哀痛，但我们的同志要因此更加努力，我们要继续牺牲的同志的未竟工作。我们要准备为继续他们的事业而牺牲。今天召开大会的目的是要联合各阶级战线，希望全体工友一致努力。

此时在会场，张佐臣专注地倾听着邓中夏的致辞。他是五卅运动的亲历者、参与者，对邓中夏的开幕词感同身受。同时，从第二次全国劳动大会到第三次全国劳动大会，这短短一年时间里，他已经从一名工人党员成长为一名富有经验的工运领导人。在听到邓中夏说到刘华、顾正红这些熟悉的名字时，张佐臣的眼眶湿润了。他暗暗下决心，这些革命同志为了工人阶级的自由与幸福生活献出了宝贵生命，自己一定要像邓中夏说的那样，不能让他们的血白流，哪怕将来要付出生命的代价，也要继续为共产主义事业、为工人阶

---

① 中华全国总工会中国职工运动史研究室编《中国历次全国劳动大会文献》，工人出版社，1957，第47—48页。

级的将来而奋斗。

在这次会议上，李立三作为具有五卅运动光荣历史的上海的工人代表，以上海总工会委员会代表的身份参会，并被推举为大会主席团成员，与邓中夏等人一起主持和领导了这次大会。

5月3日，李立三向大会做了题为"出席赤色职工国际经过"的报告。在这个报告里，他向大会报告了他在苏俄的见闻以及全世界工人阶级团结在共产国际周围英勇斗争和顺利发展的形势，并且传达了苏俄人民和国际工人阶级对中国革命的同情和支持。大会根据他的报告做出了相应的决议。会议最后，李立三又为大会做了闭幕总结。在讲话中，李立三总结了安源大罢工、上海二月同盟罢工和五卅运动的丰富经验，对领导工人罢工斗争战术的重要性、应防止的倾向、罢工决定的条件、罢工的准备步骤、罢工口号、敌人破坏罢工阴谋的估计和谈判策略等一系列重大问题，做了全面系统的分析和说明。①

罢工战斗问题是这次会议提出的新问题，引起了到会代表的极大兴趣。对此，到会代表结合安源大罢工、上海二月同盟罢工、五卅运动进行了热烈的讨论。

那天，在会场上，许多工人代表都谈了自己参与罢工的心得和经验。张佐臣与王亚璋、周月林、陈定观、陆小妹、朱英如等30位上海代表听得津津有味。张佐臣紧紧盯着发言代表的嘴巴，生怕

---

① 中华全国总工会中国职工运动史研究室编《中国历次全国劳动大会文献》，工人出版社，1957年，第89—93页。

哪个字没有被他捕捉到，同时大脑在快速地思考着，一旦听到让自己有所感触的语句，马上如获至宝地记录在本子上。

"月林，你看看，这位大哥说得真好呀。"发言间隙，张佐臣便笑着凑近身旁的周月林，指着本子给她看："对于来自天南海北的不同工友，你总是只讲自己那一套是不行的，语言不通、风俗不同，你就是讲得天花乱坠，他也理解不了嘛。"

"那可不，就说咱们俩在一块儿，嘴巴也要打拌子呢。你呀要吃米，我呀爱吃面，更何况那些工友了。"周月林想到平时两人因为吃食拌嘴，颇有些感同身受，倒引得周围的上海代表有些忍俊不禁。

"道理是这个道理，但是有些外地工友不识字，说的话我们也听不懂，交流起来很困难。比如，上次有位工友要来参加工会，只会写自己的名字，其余一概不识，普通话也说得不好，白白浪费了他的热情。"

"所以我们办学校了嘛。"王亚璋特意操着清脆的普通话接过了话头，"一开始我们组建小组，让同乡带同乡，这样既不会触犯他们的禁忌，也能把话说清楚。佐臣你当老师的时候，教识字的方法就很好，有共鸣，有意义，这和现在的工作是一脉相承的。"

"是啊是啊，我们可都做过老师呢！哈哈哈！学校让我们更团结，团结才能赢得战斗！"张佐臣斩钉截铁地说道。

张佐臣作为上海方面的工人代表，直接领导或参与了二月同盟罢工和五卅运动。会议进程中受主持人的邀请，他也积极上台分享了自己参与工人运动的经验。

张佐臣围绕着自己在纱厂打工的经历及领导参与二月同盟罢工和五卅运动的经验，用朴实的语言与大家分享了这些经验。

讲到二月同盟罢工时，他说道："在罢工取得一定胜利后，我们对待资本家一定不能软弱，尽量要把条件往高里谈，以为工人争取到最大经济利益为上。资本家们面对你开出的条件一定不肯乖乖就范，经过几轮谈判，可能会得到一个比原先条件稍微差一点，但也可以接受的结果。总的来说，还是为工人争取到了利益。"

另外，张佐臣也提到："罢工取得的成果要保持，最重要的一点就是我们广大工人要团结一致，因为资本家们一定会怀恨在心，不断对工人们进行分化，趁机反扑。现在我们全国的工人人数已经达到了124万多，比第二次全国劳动大会时翻了一倍多，这个数字是很惊人的。如何组织好这120多万工人团结起来开展斗争是十分重要的，更重要的是，一定要在中国共产党的领导下，发挥好各级工会的作用。五卅运动取得成功，很大一部分原因就是工会的动员工作做得仔细。另外，在平时一定要注重文化和思想教育，润物细无声，就像我一样。我也是普通工人出身，但一旦思想上开悟了，就比较容易走向革命。"

会议共进行了13天，讨论了12项报告，提交了47件决议，并最终通过正式决议案9件。大会的核心议题，是总结五卅运动以来的经验，并为即将到来的国民革命的高潮确定革命策略。刘少奇向大会做了题为"一年来中国职工运动的发展"的报告。中华全国铁路总工会、香港海员总工会、武汉工人代表团向大会做了报告。

1926年5月8日，第三次全国劳动大会向广州国民政府提交了《为促进北伐向国民政府请愿书》，其中指出："现我中国工人阶级及一切被压迫民众之唯一出路，即在积极参加国民革命以与军阀与帝国主义者做殊死之斗争，根本打倒帝国主义及军阀，方能保证我被压迫民众之生存。钧府为中国国民革命之中心，代表一切被压迫民众利益而奋斗，为我全国工人阶级所爱护。敝大会谨代表全国工人阶级，向钧府表示最诚挚之同情和拥护，特此前来，请愿出师北伐，打倒一切军阀，肃清一切反革命派。拯我人民于水火，释我领袖于囚狱。为工人复仇，为民众伐罪。敝大会全体代表当率领全国工人，一致参加，以为钧府后盾。"

由于在五卅运动中的突出表现，同时又因为在上海纱厂工会中的出色工作，张佐臣得以在大会上与刘少奇、李立三、邓中夏、项英等人一起被选举成为中华全国总工会的执行委员会委员。①

---

① 中华全国总工会中国职工运动史研究室编《中国历次全国劳动大会文献》，工人出版社，1957，第125页。

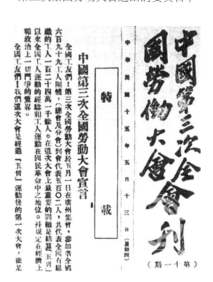

第三次全国劳动大会选出的委员名单

第三次全国劳动大会会刊

回到上海后，张佐臣更加卖力地投入工人工作中。有了两次罢工运动的实践经验，加上在两次全国劳动大会上得到的理论滋养及与工人代表交流罢工的战斗经验，他在工人运动方面的组织能力、领导能力越来越强，已经成为中国共产党队伍中一名出色的工人党员，值得委以重任。1926年6月，张佐臣任中共上海区委委员，分管曹家渡方面的工作。其间，他先后在上海总工会第三、第四办事处，中共浦东部委、南市部委以及曹家渡地区负责党和工会的工作。他深入工人群众中，宣传革命道理，关心工人疾苦，深得工人群众的爱戴。他虽然只是20岁的青年，可工人们都亲切地称他为"张大哥"。他特别重视教育培养工人积极分子，扩大党的队伍。1926年7月，在上海总工会第三次代表大会上，张佐臣当选为第三届执行委员会常务委员。

十三、领导无锡党组织

从第三次全国劳动大会回到上海的张佐臣很希望能像李立三委员长一样去莫斯科学习、长见识，上海区委原来也有此打算。然而，第三次全国劳动大会后，革命形势持续向好，轰轰烈烈的上海工人运动在全国产生了巨大的影响，特别是上海附近的江浙一带，急需有丰富工人运动经验的中共党员前去支援，因此张佐臣去莫斯科的计划暂时搁置。

距离上海 100 多公里的无锡是一个经济较为发达的城市，地处上海西北方向，纱厂工人已形成一支很强的力量，工人斗争也时有发生。党中央指出："江苏工作尤其是上海工作居全国领导地位，江苏工作做得好，可以影响全国。""江苏省工作尤其是上海工作关系于中央的指导极大，中央可以从上海得到工作上斗争上的经验和教训以指导全国。"①中共上海区委详细分析了无锡的社会状况和地理位置，认为无锡地处沪宁线中段，交通便利，工厂林立，商业繁荣，中共无锡支部早在1924年就已经建立并开始活动，工农运动已有一定基础，但仍需加强党对工农运动的领导，继续发展革命。

无锡当时已建立了党的独立支部。无锡的纱厂工人已经形成很强大的力量，工人运动也时有发生。从五卅运动结束到1927年，无锡各业有影响的罢工斗争达38次。申新三厂是无锡最大的纺织厂，全厂有职工4200余人。1925年4月，该厂技术人员改革企业管理，触犯了工头们的利益，在工头们的挑动下，工厂内发生了一起机器工人殴打技职人员致使全厂停工8天的事件。无锡《锡报》和上海《申报》报道了这一消息后，中共上海地方执行委员会负责人李成（李立三）为此亲自到该厂进行调查，并在中共上海地方执行委员会会议上通报了调查情况。会议做出了"李成辞却无锡事件，以后续勉励"的决议，足见上级党组织对无锡工人运动的重视和支持。1926年3月，申新三厂先后建立了党小组和工厂党支部。②同月8日，申新三厂布厂600多名工人因反对厂方拖延发放工资、工头辱骂工人而举行罢工。次日，全体罢工工人在西水仙庙

① 《关于党内宣传派别问题决议案》，载中共上海市委党史资料征集委员会主编《中共上海党史大事记（1919.5—1949.5）》，知识出版社，1988，第197页。

② 无锡市档案史志馆：《中国共产党江苏省无锡历史 第一卷（1925—1949）》，中共党史出版社，2019，第21—25页。

工人会所（工人俱乐部）集会，向厂方提出于近期发放工资、撤换辱骂工人的工头等四项条件，否则绝不复工。会后，工人们又派出工人代表赴沪，向上海总工会请求支援。上海总工会立即派人到无锡，协助罢工工人向厂方交涉。厂方表面上接受工人提出的条件，发还部分工资，暗中又勾结无锡县府向孙传芳求救。13日，孙传芳密令无锡当局，对申新三厂罢工事件要"拿其首要，拘捕工人，并限期复工"。罢工工人极为愤慨，于15日向社会各界发出《罢工宣言》，呼吁各界予以同情和援助。16日，县知事张修府派宪兵镇压，并逮捕了5名罢工工人。申新三厂的工人罢工在坚持了9天后宣告失败。斗争虽然失败，但中国共产党在工人中的影响却迅速扩大。工人们把共产党看成为穷苦人谋利益的政党，有近10名工人在罢工后加入了共产党。中共江浙区委于3月30日召开扩大会议，特别总结了无锡申新三厂这次罢工斗争的经验教训，并提出了在工人运动中"以后应先注意杭州、无锡二处"。

随后，茂新第二面粉厂也爆发了工人斗争。1926年4月，茂新第二面粉厂资方强迫工人连续加班，磨子车间工人沈根泉因劳累过度、工伤而亡。资方对此不闻不问，企图不了了之。资方这种不顾工人死活的蛮横行为，激起了工人群众的无比愤慨。中共无锡独立支部和茂新第二面粉厂支部研究了这一情况，决定由茂新第二面粉厂支部书记秦起领导工人开展斗争。次日，工人群众在秦起的带领下冲进厂房，同资方进行面对面的说理斗争，迫使厂方答应工人们提出的发给死者家属抚恤金、改善工人操作条件等正当要求。工人斗争取得胜利。

第三次全国劳动大会后，无锡爆发了全县 21 家丝厂工人的总同盟罢工。这次丝厂工人的总同盟罢工，是在无锡党组织的直接领导下进行的，充分显示出共产党领导下工人阶级的战斗精神。在军阀政府撤销了"限制丝业发展"的规定后，无锡的缫丝业得以复苏，新老丝厂竞相发展。同时，由于五卅运动后农民运动的兴起，无锡党组织也将各乡镇的进步小学教员培养成党在农村工作的积极分子，为农民运动造就了一支有觉悟、有文化、有号召力的骨干队伍，为迎接革命的到来创造了条件。

无锡的党组织和工人阶级在这次罢工斗争中经受了锻炼和考验。中共江浙区委组织部部长赵世炎在《向导》上发表文章，就无锡丝厂工人总同盟罢工事件，赞扬了无锡工人阶级的斗争精神。丝厂工人斗争的胜利，也鼓舞了无锡各业工人的斗争意志和热情。此后，储栈、邮务、铁路、冶坊等各业工人先后开展了罢工斗争。无锡工人运动的高涨标志着无锡的大革命运动高潮即将来临。1926年 2 月下旬，中共中央在北京召开特别会议，会议确定"应从各方面准备广东政府的北伐"。7 月 9 日，国民革命军从广东分三路，正式出师北伐。全国革命形势的迅猛发展，直接影响着无锡地区。8 月 10 日，中共无锡独立支部召开第六次会议，讨论职工运动及整顿党小组问题，并决议干事会分工。

北伐战争在广大地区取得了重大胜利，推动了革命形势迅速发展。为了加强对无锡地区大革命运动的领导、组织工农群众迎接北伐军、争取大革命的胜利，中共江浙区委于 1926 年 7 月和 9 月多次研究无锡组织状况，号召全区党组织联合各界人士支援北伐，同时尽量利用机会，发展民众力量。区委决议指出，"无锡、南通二处的重要性可以说是小上海。这两个小上海的工人还没有尽量地参加此次活动，这会影响到沪区的整体工作"，"尤其使我们不能不立刻派得力同志前往常驻，加紧发展党的工作，使得这两个区域于最短时间内成立地委"。①

鉴于张佐臣在上海两次工人运动中的出色表现，1926 年 9 月，中共江浙区委决定委托张佐臣前往无锡，任中共无锡独立支部书记，领导革命斗争。接到任务后的张佐臣毫不犹豫地前往无锡，承担起领导工人运动和发展革命力量的重任。一方面，这是党组织对张佐臣政治信仰和工作能力的信任和肯定；另一方面，对张佐臣来说，离开上海熟悉的工作环境去无锡进行新的工作，同样也意味着困难和挑战。此后，严朴、安剑平、朱士良等一批中共党员先后由上海回到无锡，为无锡蓬勃展开的工农革命运动增强领导核心与加强组织工作。

1926 年 9 月，张佐臣身着长衫，扮成知识分子模样，独自离开上海，来到无锡南市桥巷，租了一个小房间住下。在与无锡党组织接上头后，张佐臣决定从他最拿手的工人运动开始。当时无锡拥有 10 万多产业工人，在部分厂中建有党小组、党支部。张佐臣决

---

① 无锡市档案史志馆：《中国共产党江苏省无锡历史　第一卷（1925—1949）》，中共党史出版社，2019，第 31 页。

定先深入纱厂发展党的力量，于是脱掉长衫，换上工装，通过无锡茂新面粉厂支部书记秦起的关系，进入无锡申新纱厂当了一名机匠。进厂后，张佐臣以自己早年在大康纱厂掌握的技术很快站稳了脚跟，并利用工作之便，接触劳苦工人大众，在群众中宣传革命思想，鼓励工人和反动派做斗争。出于工作的需要，张佐臣在无锡地区化名张鹏，暂时隐藏了自己在上海领导工人运动时的真实身份，只说自己从上海工厂里被赶了出来，迫于无奈来到无锡。由于出身贫困、身世坎坷，又为人直爽、仗义，平时愿意用薪资帮助困难的工友，张佐臣很快就赢得了工友们的好感。张佐臣一边工作，一边不时地与身边的工人谈心。与工友们熟络了之后，工友们也经常会邀请张佐臣这个"外地师傅"到家中做客，张佐臣也不推辞，将其视为深入宣传的大好时机。

有一次吃完晚饭，大家聚在一位工友家门前的大树下乘凉聊天。谈起上海，大家都很好奇，有位女工就把目光投向了张佐臣："张大哥，你不是上海来的吗？你能不能说说上海是个怎样的城市，跟咱这有什么不一样？"

"上海比无锡繁华热闹，而且到处是蓝眼睛、黄头发的洋人，还有满街跑着的小汽车。尤其到了晚上，无锡这边黑乎乎、静悄悄，而上海一旦到了晚上，就是另一番天地，到处灯红酒绿、纸醉金迷，是真正的不夜城……"张佐臣说得绘声绘色，大家听得津津有味。

"上海这么好，张大哥你怎么不待了呢？凭你的本事，在上海也能赚不少钱吧？"女工很是好奇。

"上海再好，跟咱穷苦人家却没有什么关系。洋人啊，厂子老板啊，工头啊，警察啊，每天变着法地来欺负咱们。我是忍不了这个气：凭什么他们是人，却要把我们当狗看？我就和管事的打了架，被赶出来喽。所以上海再繁华，我也不想待下去了。"张佐臣有意把话题往工人的经历上引，又说了说自己见过的工人的苦，听得两位女工泪水涟涟，其他工友摇摇扇子，想到自己干活也被欺负，纷纷陷入了沉默。

"张大哥，天下乌鸦一般黑。你到这里来，也好不了多少，这些资本家就是把我们当牛马使，最好我们变成一台不吃饭只干活的机器才好！"边上一位看上去比张佐臣小不了多少的男工愤愤道。

"对，对……"大家也纷纷附和。

听到这里，张佐臣感觉时机到了，出言安慰道："大家也别灰心嘛。我们的利益，还得靠我们自己的双手去争取，我们得和欺负我们的人斗，不能让他们看扁了我们。"

"我们斗不过他们吧？他们会报官的，上次我有个亲戚，就被他们报官抓了去，还被打了一顿。"工友们对视了一眼，有个工人怯懦地说。

"我们和他们都是人，他们也不比我们多胳膊多腿，而且我们人还多，难道他们能把我们都抓了去吗？上海那边搞罢工你们知道不？前段时间咱们这的面粉厂也发动起来了。咱们团结在一起，把那些警察、资本家的打手都吓跑了。你们是没看到，那些平时对我们吆五喝六的资本家吓得发抖呢，哈哈哈。"张佐臣边说边爽朗地笑着。工友们想到平时凶神恶煞的老板吓得发抖的样子，也不由得笑了起来。

张佐臣接着又说："以后老板工头欺负咱们，咱们就还像今天这样聚起来，一起想办法。""好，好，张大哥点子多，给咱们出主意。"工友们纷纷应和。

张佐臣为人谦和、乐于助人，说话又总能说到工人们心里，就像一块磁铁一样，吸引越来越多的工人聚拢在他身边。张佐臣为这个变化欣喜不已。人越多，越是方便张佐臣在工厂中开展工作。他在帮助工人调解矛盾、出主意之余，还向工人们宣传北伐战争的胜利形势、共产党的革命主张，在工人群众中挖掘、培养积极分子，组织工人基层工会，建立和扩大党在工人中的组织。

无锡纺织业发达，纺织工人队伍强大。受苦受难的工人群众像一堆干柴，只要一点燃火种，就能烧起反抗剥削压迫的熊熊烈火。张佐臣经常深入申新、广丰等厂，接触工人，开展宣传教育工作。张佐臣按照过去开办工人学校的经验，开始积极动员文化知识缺乏的工友努力学习科学道理，向他们讲解中国共产党的故事，讲述党领导工人开展罢工运动的意义，与工友们打成一片，深入工农群众，从小事着手，将群众喜闻乐见的文娱活动带入无锡广大的工人群体中去。他还将从上海带来的一些图书，分送给工人阅读。同时，他经常在工棚里召开秘密会议，从工人们经历过的日常事件入手，讲明革命道理，提高他们的阶级觉悟。有一次，他对工人们说："牛马还有得休息，我们一天做 16 小时的工，连牛马都不如。为什么我们的生活这样苦呢？这不是命不好，而是资本家的压迫导致的。因此，我们工人应该联合起来，跟资本家斗争。"他还向工人们介绍了上海工人阶级斗争的英勇事迹和成功经验，详细解说了工人英雄顾正红烈士的牺牲经过和感人场面。工人们听后，很受启发，纷纷摩拳擦掌，说："上海工人能做到，我们无锡工人也能做到！"张佐臣使工人们的革命思想获得了启蒙，点亮了他们心中的明灯，使他们意识到要想改变现在牛马不如的日子，改变贫困的生活现状，只有积极投身革命、摆脱资本的压迫和控制。

1926 年冬，党组织决定在城区、工厂、街道张贴标语传单，扩大政治影响，干扰敌人。张佐臣把写好的标语交给申新三厂的工友，让他们去学习、张贴，并感受斗争方式。工人们接到任务后，冒着严寒，分头行动，从工厂区、新县前衙门的照片墙上，一路贴到了西门伪警察分局。标语贴得敌人心惊胆战，人民很受鼓舞。工人们通过亲身参加革命活动，得到了锻炼。

张佐臣通过对工人的教育，挖掘、培养了许多工人积极分子，其中就有后来成为我党出色妇女干部的刘群先。对此，刘群先曾有一段回忆："当我在那里（纱厂）做了 6 个月以后，我遇到了一个共产党员，他是上海的机器修理匠（张佐臣）。当时我们厂里没有党组织，此后，我继续跟这个从上海来的共产党员接触。他对我非常好，我不懂得共产主义的真实意义，但我喜欢共产党员的行为。他拿书给我看，对我说，这些是很好的书，你无论在什么地方都买不到，因此你要绝对保密……"

刘群先

由于张佐臣卓有成效的工作，无锡党组织力量像滚雪球一般不断壮大。到了年底，党的机构也进一步健全，张佐臣、俞伯揆、杜兰亭、秦起、章子文、唐瑞麟、安友厂等7人组成了独立支部干事会主席团，其中张佐臣任书记。另外还有两名干事会干事，即龚福春和张钰，龚福春负责商人工作，张钰负责妇女工作。独立支部干事会下设农民运动、职工运动和教育3个委员会。1926年4月，中共无锡独立支部仅有党员15人。到了10月，在不到7个月的时间里，已建立5个支部，其中有2个工人支部、2个农民支部，党员共有50余名。[1]

---

[1]　中共上海市委党史研究室、龙华烈士纪念馆编，沈洁著《张佐臣画传》，上海人民出版社，2021，第59—60页。

十四、积极动员迎北伐

1926 年 10 月，北伐军从广州一路作战，节节获胜，打败了南方各路军阀势力，队伍逐渐接近江南一带，促进了无锡工农革命运动的迅速高涨。张佐臣就任中共无锡独立支部书记后，着重在工厂开展工作，向工人们宣传北伐战争的胜利形势以及中国共产党的最新革命主张。10 月 17 日，中共上海区委召开外埠负责同志会议，张佐臣作为无锡独立支部书记参加了会议。根据会议中"发展党的力量，务使同志都明确我们要抓住群众""尽量利用机会，发展民众力量"和支援北伐的要求，张佐臣当即离开纱厂，转入党的据点，即由严朴创办的江苏中学，担任无锡县委书记，以教师的身份做掩护，领导独立支部开展以无锡为中心向四周地区扩展推进的工人运动、农民运动和学生运动。

严朴，字君实，无锡寨门人，在上海求学期间由张佐臣介绍入党。1926 年 5、6 月间，严朴从上海南方大学毕业，受党组织派遣，回到家乡无锡工作。严朴回无锡后，积极筹建江苏中学。他毅然变卖自己的田产作为办学经费，租赁城中南上塘 13 号邹家空宅为校舍，创办了江苏中学。江苏中学成为中共无锡独立支部重要的活动场所和联络机关。①

江苏中学旧址

1926 年 11 月，中共无锡独立支部设立的职工运动委员会（简称"职运会"）在张中元家里宣告成立。张佐臣兼任职运委主要负责人。职运委的建立有效地加强了党对工人运动的集中领导。②

① 无锡市档案史志馆：《中国共产党江苏省无锡历史 第一卷（1925—1949）》，中共党史出版社，2019，第 32 页。
② 无锡市档案史志馆：《中国共产党江苏省无锡历史 第一卷（1925—1949）》，中共党史出版社，2019，第 33 页。

1927 年初，江浙区委的《职工运动决议案》对无锡工人运动提出了 4 点要求：（1）扩大组织，在一年中应当组织 10 万工人，由无锡总工会指挥；（2）筹备成立无锡总工会，在无锡总工会领导下，应当建立各业工会的组织；（3）开始领导工人和有组织有计划的经济斗争；（4）防止工头及改良派阻拦工会。经过紧张的筹备，各厂工人代表于 1927 年 1 月 4 日在三皇街药皇庙秘密集会，正式成立无锡总工会，秦起、张中元任正副委员长，张佐臣任秘书长，其间化名张鹏、张人杰以隐蔽身份。总工会在西门都甲弄 1 号设临时机关，对外则称为工余进德会。为了在斗争中切实保护工人和有效保卫工会机构，根据中共无锡独立支部的决定，总工会组织了工人武装纠察队，由周启邦任队长。在总工会成立前后，各厂基层工会也相继建立，并都相应建立了工人纠察队。张佐臣在惠山宝善桥蔡家祠堂召开了申新纱厂等工人代表大会，组织了工人自己的工人纠察队。

无锡总工会旧址

在张佐臣的领导下，无锡的农民运动也有了较大的发展。1926年10月，梅园徐巷建立了支部，这是无锡的第一个农村基层党支部。同年秋，中共甘露支部成立，共有党员4人，由陈枕白任书记。1927年初，洛社师范支部成立，管寒涛任支部书记。

随着农村党组织的建立，农民运动迅速开展起来。1926年5月，安友石、杭果人前往广州，参加第6期农民运动讲习所的学习。该期讲习所由毛泽东、林伯渠主持。安友石、杭果人先后回到无锡后，分析了无锡农村情况，决定将土地高度集中、贫苦农民比例较高、群众基础较好的东北乡地区作为开展农民运动的基地，在取得经验后再向全县迅速推开。

1926年秋，根据中共江浙区委的决定，党员安友石、杭果人以国民党省党部农民运动特派员的身份，先后来到无锡东北乡地区开展农民运动。杭果人，原在厦门求学，1925年10月经罗明介绍参加共产党，1926年受福建党组织派遣参加农民运动讲习班学习。在农运讲习所学习期间，安友石由杭果人介绍入党。1926年11月，中共江浙区委设立农民运动委员会，根据农委第一次会议精神，农委在农民群众中积极开展宣传、发动工作。首先，他们将乡村中一些进步小学教员以及平民学校中的青年农民学员培养成农民运动积极分子，以他们为骨干，深入农民群众，一个村一个村地开展工作；在组织农会时，采用"重点播种、四面蔓延"的方法，扩大农会的影响和农会的队伍；在建立农会的同时，建立党的支部，使党支部成为每个乡农会的核心领导。到1927年初，农民运动已由点到面迅速推开，无锡四乡各地入会农民达2万多人。

在中共党组织的正确领导下，无锡工农群众运动热情高涨。工农群众运动中涌现出来的大批积极分子，有不少加入了中国共产党。经过3个月时间，无锡地区党的力量得到迅速发展，无锡的党支部由5个发展到14个，党员由50人发展到147人，其中工人支部9个，小教支部3个，农民支部2个。党组织在无锡及周围地区已有相当的影响。同时，总工会、农民协会等革命群众组织也纷纷建立，在张佐臣兼任总工会秘书长期间，全县有10万工人、4万农民参加工会、农会组织，无锡的革命形势得到迅猛发展。

为了响应北伐，做好思想上、组织上的准备，经过周密的安排和部署，中共无锡县委在惠山宝善桥附近的蔡家祠堂召开了由申新、振新、广勤、业勤、广丰、豫康等6家纱厂工人代表参加的大会。会上，张佐臣做了充满激情的报告。他搬来一张木桌子，站在上面，挥舞着双手向前来开会的工友同志们讲道："亲爱的工友们！你们知道吗？我们党领导的军队，打倒列强、除军阀的军队，北伐军，马上就要到无锡来了！他们一路上打了很多很多的大胜仗，从广州一直打到我们这里，马上就要进城了！他们来干什么呢？就是要打倒现在的反动军阀和警察，清除坏透了的外国资本家，把这些压迫在我们头上的万恶的资本主义锁链，给打断，给解除！让我们工人、农民都翻身做主人，自己当家做主，自己的事情自己干，再也不用受别人的欺压，你们说，好不好？"在台下坐着的工人代表们都站了起来，情不自禁地欢呼道："好！太好了！欢迎北伐军！欢迎来无锡！"张佐臣从整体大局出发，讲述了当时令人鼓舞的政治形势，号召工人们团结起来，不失时机地声援北伐，同时庄严地宣布工人要成立自己的讲习班进行学习。

1927 年 2 月 11 日至 15 日，中共江浙区第一次代表大会在上海郊区真如举行，11 日上午 9 时大会正式开幕，出席大会的有中共中央代表周恩来、彭述之、杨之华，区委委员罗亦农、赵世炎等 10 人，各地方代表 52 人，代表全区（江浙沪）5157 名党员，张佐臣和秦起作为无锡代表参加了大会，5 天会期中，大会对各项报告分专题进行了讨论，通过了政治、党务、工运、农运等 6 个决议案，并选出正式委员 15 人、候补委员 7 人，组成新的江浙区委，选举罗亦农为区委书记，选举 13 名正式代表、13 名候补代表，张佐臣被选为江浙区委 13 名正式代表之一。[①]

大会通过的《对于区委江浙两省政治状况与今后工作进行方针报告决议案》中指出，"中国的革命运动，自从五卅运动民众运动广大的发展以及北伐军占领武汉直到现在，已经在历史上造成了一个新的时期，即革命民众运动怒潮高涨时期"，但同时中国的革命运动也出现了很大的危险，这一危险就是在发展的革命战线内和革命战线外的里应外合的反赤大联合，所谓的反赤，就是害怕共产党、害怕红色政权，"这一反赤大联合的实现，其结果直接是国民党新右派与改良主义的资产阶级的胜利；间接是帝国主义与北洋反

---

① 《中共江浙区党第一次代表大会》（1927 年 2 月 11 日），江苏省档案局档案，档案号：2232-005-0849-001。

动军阀的成功。一旦北伐军新右派的军队占领江浙，这一危险现象将更可怕。"

中共江浙区第一次代表大会通过《对于区委江浙两省政治状况与
今后工作进行方针报告决议案》

1927年2月16日，中共江浙区委召开改选后的第一次会议。会议决定将"无锡、江阴、常州、苏州等地合成无锡地方委员会"，张佐臣任地委书记[1]，领导上述地区党的工作和工农运动，地委机关设在沈果巷17号。江苏中学亦为地委活动场所，从此，张佐臣身上的担子就更重了。无锡地方委员会的建立，标志着无锡大革命活动进入了一个新阶段，为革命高潮的到来做好了充分而必要

---

[1] 无锡市档案史志馆：《中国共产党江苏省无锡历史 第一卷（1925—1949）》，中共党史出版社，2019，第35页。

的组织准备。

中共无锡地方委员会机关旧址

中共江浙区委 2 月 16 日第一次会议记录

　　1927年2月，北伐军进入杭州。同年，中共江浙区委书记罗亦农到无锡检查工作。在无锡党员、团员积极分子会议上，罗亦农分析了当前迅猛发展的大革命形势，要求全体党员、团员立即行动起来，广泛发动工农群众，迎接革命高潮的到来。

　　1927年3月，北伐军的进军矛头直指上海和江苏。为了迎接、配合北伐军行动，张佐臣组织起工人自己的武装——工人纠察队。3月17日，为阻止被北伐军击溃的军阀部队逃跑，张佐臣带领成立不久的工人纠察队，在一夜之间就把离周泾巷站1.5公里内的铁路枕木上的铁钉全部起掉，破坏了路轨，有力地支持了北伐军。①

　　3月21日上午，无锡总工会迁入崇安寺大雄宝殿公开办公。张佐臣化名张鹏，以总工会秘书的身份公开领导无锡工农运动。在张佐臣的领导下，大雄宝殿门前挂起了"全世界无产阶级联合起来"和"劳工神圣"两条大红横幅。佩戴红臂章的工人纠察队队员在门口值勤，负责治安保卫。中共无锡地方委员会从实业中学、工商中学等学校中，抽调了一批学生党员、团员，充实工会、农会工作，以适应形势发展的需要。工商中学的学生党员安复，团员张其楠、陈锡麟在总工会从事宣传工作，负责出版《工人三日刊》，发行量达一两千份。团地委在迎龙桥西林庵开办青年工人俱乐部，由张其楠、吉菊潭负责。俱乐部组织青年工人开展文艺宣传活动。总工会公开办公的当天，申新三厂、茂新面粉厂、九丰面粉厂等10

---

① 《纪南门旗站之毁路与枪声》，《锡报》1927年3月18日第2版。

多家工厂 4 万余工人，集体响应总工会同盟罢工的命令，充分显示出总工会的政治权威和工人阶级的力量。[①]

3 月 21 日上午，进入江苏的北伐军先头部队到达无锡洛社地区。国民党县党部立即在无锡公园（现城中公园）多寿楼前召开民众大会，县党部常委高大成在会上宣读了欢迎北伐军进驻无锡的宣言。会后，由秦起总指挥率领各民众团体代表赴皋桥，迎接北伐军先头部队入城。同日，国民党无锡市党部决定成立市政厅，作为管理城区的行政机构。市政厅基本上由国民党右派势力控制。

3 月 22 日，在无锡火车站旷地上组织盛大的北伐军欢迎大会，会上宣布无锡县政府的成立。张佐臣与匡亚明等党团地、县委书记亲临会场指导。张佐臣站在会场中央高高的彩牌楼下，这时广大群众情绪昂扬，呐喊声四起。面对这种场面，他激动地擦着汗水，眼里闪着喜悦的光芒，对挤到他身边采访的新闻记者说："这次大会，是无锡工人农民欢迎北伐军的大集会，是共产党和工农力量的大示威。你们记者拍照、撰稿要说真话，要在报纸上向全国如实报道。"[②]秦起代表总工会发表演说，提出"释放在狱政治犯""工人有言论、出版、集会、罢工绝对自由权"等 15 项要求。次日，在北伐军进驻前因领导罢工而被捕的工人代表获释出狱。总工会副委员

---

① 无锡市档案史志馆：《中国共产党江苏省无锡历史　第一卷（1925—1949）》，中共党史出版社，2019，第 36 页。

② 《无锡地下党团早期斗争回忆录》，无锡档案馆档案，档案号：D007/1959-001-0002-0031。

长张中元和国民党县党部党委高大成率男女工人数百人前去迎接。[①]

北伐军的进驻促进了工人农民群众运动的进一步高涨。县总工会成立后，各业工会相继成立。到4月上旬，全县已建行业工会55个、基层工会80余个，工会会员达13万人以上，工人阶级成为大革命运动的主力军。在总工会的建议下，劳资军三方于3月28日组成劳资仲裁会并召开第一次会议，研究了仲裁会章程等事项。总工会通过与资方谈判，为工人争取到了政治地位和经济利益。同时，在中共无锡县委的领导下，无锡县农民协会也组织全县农民开展了反对土豪劣绅、反对大地主的斗争。

3月30日下午，张佐臣和无锡总工会委员长秦起在无锡总工会主持召开德兴、五丰丝厂女工和其他一些工人代表参加的会议，要求厂方就改善工人待遇问题进行协商，并提出10余条意见，由总工会负责发函，要求厂方照办。同时他还亲自调解、处理了丽新纱厂、人力车夫行业的劳资纠纷，帮助工人解决了困难，鼓励大家理直气壮地同资本家做斗争，使工人群众真正体会到总工会是为自己说话、办事的组织。报告结束后，他亲切地回答了工人们提出的问题。工人们被他富有感染力的言语和浅显明了的道理吸引，觉得他把话说到了自己的心里，更加钦佩他的才能、信任他的领导。不少工厂的工人积极要求加入工会。总工会的队伍不断扩大，威信日益提高，成为当时无锡工人运动的指导活动中心。

[①] 无锡市档案史志馆：《中国共产党江苏省无锡历史 第一卷（1925—1949）》，中共党史出版社，2019，第37页。

　　无锡的工人运动在总工会的领导下蓬勃发展。在 3 月 21 日至
4 月 14 日总工会公开办公的 25 天内，就爆发了 4 次规模较大的以
工人阶级为主体的革命群众活动，既改善了工人们生活工作条件，
又"标志着无锡的工人群众在党的领导下开始登上政治历史舞台，
并发挥工人阶级的领导作用"[1]。

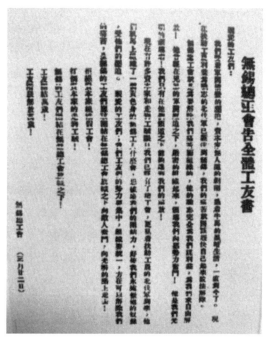

无锡总工会发布的《告全体工友书》

---

[1]　中共上海市委党史研究室编《上海英烈传》，上海远东出版社，1994，第 28 页。

十五、坚决斗争不退缩

　　北伐战争开始后，北伐军尽管在两湖地区取得了胜利，但仍面临着军阀孙传芳势力的严重威胁。1926 年 11 月，北伐军在江西战场上战胜孙传芳后，帝国主义列强对蒋介石的态度立即发生了变化，开始对其实施拉拢政策，不少原来属于北洋军阀的旧军队也纷纷改换门庭，接受蒋介石的改编。国民党的右派、中间派也都纷纷站到了国共合作的对立面。如此一来，蒋介石的军事实力得到迅速增长，其反共面目也逐渐暴露出来。12 月中旬，中共中央政治局和共产国际代表在汉口召开特别会议，分析国民革命联合战线中出现的各种危险倾向，据此制定党的斗争策略。会上重申了依靠工农

群众的路线，反对蒋介石的主张。

1927年1月1日，国民党中央执行委员会、国民政府临时联席会议在武汉正式办公，在其组成人员中，受蒋介石委托的国民党中央常委会代主席张静江被排除在外。蒋介石闻讯，竭力主张迁都南昌，以求在武汉无法掌控最高权力的情况下，以自己的军事实力做后盾，脱离中南地区，从而在东南地区开辟新的政治中心。

1927年1月3日，蒋介石与张静江以中央政治局会议的名义，在南昌召开由被其截留的中央委员和国民政府委员参加的临时会议，决定国民政府和国民党中央党部"暂驻南昌"。5日，蒋介石向各省党部发出通电称："现因政治与军事发展便利起见，中央党部及国民政府暂驻南昌。"2月21日，他在南昌总部的演讲中公开反共，自称"我是中国革命的领袖"，"所以共产党员有不对的地方，有强横的行动，我有干涉和制裁的责任及其权力"。26日，蒋介石又操纵南昌中央政治会议，让其致电共产国际执委会，要求自动撤回代表鲍罗廷。3月7日，蒋介石在南昌总部的另一次演说中讲："若苏俄一旦不平等待我，一样压迫我们的时候，我们也是一样反对他们。"①

蒋介石的分裂行为，激起了武汉方面国共两党的愤慨。在国民党左派以及共产党的领导下，一场声势浩大的"反对独裁，提高党权"的运动就此展开。然而，这些对于已经通过北伐战争掌握主要

---

① 《四·一二反革命政变资料选编》，人民出版社，1987，第1、37、53页。

军事权力的蒋介石来说，已不构成任何约束，并没有切实有效地削弱蒋介石的权力，蒋介石仍操纵着国民党的最高军事权力。因此，北伐的成功加速了蒋介石的反共行为，中国共产党人的处境反而越来越危险。

1927年3月中旬，正当上海工人准备举行第三次武装起义的时候，蒋介石以赴前线督师为名，从南昌乘船赴上海，开始与帝国主义进行勾结，并与国民党老右派、江浙财阀的青帮流氓头子等反动势力密谋策划，加快了反俄清共步伐。

3月21日，北伐军的先头部队进驻无锡，标志着无锡的大革命运动达到高潮。广大工人、农民第一次登上了历史舞台，蓬勃高涨的工农群众运动冲击、荡涤着一切封建恶势力。但是，在这场大革命运动中，以蒋介石为首的国民党右派势力掌握了政权，工人阶级和广大农民的政治地位、经济地位并没有从根本上得到改变。大革命达到高潮的同时，亦潜伏着危机。

大革命的高潮引起了大地主、大资产阶级的恐慌和仇视，代表他们利益的国民党右派掌握的政权和军队，时时与革命左派及总工会、农民协会等革命团体对抗。革命阵营左右两派的矛盾日益尖锐。

国民党右派邹广恒等人把持着国民党无锡市党部、市政厅，与资产阶级、地方豪绅相勾结，千方百计破坏工农运动。他们收买了流氓、工贼，另立无锡市总工会，破坏工人团结，分裂工人队伍，与县总工会相抗衡。国民党右派、国民革命军第一军党代表缪斌于

3月25日、4月1日先后两次到无锡与赖世璜、邹广恒密谈，同时发表演说，露骨地唆使反动势力伺机屠杀共产党员和革命工农群众。县总工会在《无锡民国日报》上发表《告各界人士书》，痛斥国民党右派"利用工贼组织假工会，破坏工人的团结，分散革命力量"的丑恶行径，号召各界人士不要受他们的欺骗。[①]工人纠察队严惩了对县总工会造谣中伤的瑞昌丝厂工头。

4月4日，县总工会、县农协等群众团体就英美军舰炮轰南京事件，组织召开反英讨奉暨追悼北伐军阵亡将士大会，动员全县民众进一步团结起来，投入大革命中。中共无锡地方委员会决定利用大会揭露国民党右派的反革命行为。参加大会的有各界民众万余人。大会主席团由国民党县党部高大成、总工会秦起、农民协会安友石、妇女解放协会张钰等人组成。中共无锡地方委员会在大会上发表《告民众书》，号召民众："继续北伐，打倒奉系军阀，收回租界，打倒帝国主义！""拥护用鲜血换来的武汉政府，农商工兵联合起来！"这是无锡地方委员会成立后的第一次公开活动。会上，中共党员秦起等人纷纷发表演讲，严厉声讨帝国主义、奉系军阀的丑恶罪行，同时揭露国民党市党部、市政厅分裂革命队伍的反革命行径。会后举行了群众游行，经过公园路市政厅门前时，百余名群众蜂拥而上，砸碎市政厅的招牌，并捣毁办公室。接着，群众又冲入附近的市党部，将破坏工农运动的市党部常委邹广恒等人扭

[①] 无锡市档案史志馆：《中国共产党江苏省无锡历史　第一卷（1925—1949）》，中共党史出版社，2019，第39—40页。

送至县总工会。此时，十四军赖世璜出面干涉，派军队包围现场，当场逮捕群众二三十人，并指责县总工会"制造事端"。当晚，以国民党省党部代表唐瑞麟为首的各界代表共20余人，前往军部保释被捕人员。赖世璜答应先释放24名纠察队员。次日，《无锡民国日报》发表《解散市政厅的理由书》，揭露国民党右派是"青天白日旗下的强盗，比军阀时代更厉害的贪官污吏"。无锡民众捣毁市政厅的"四四"事件，标志着无锡左派和右派的斗争已进入公开化阶段，国民党右派从此便迫不及待地加快其反革命的步伐。①

4月6日，邹广恒率市公安局局长杨祖钰、市政厅代厅长孙新吾专程赴沪，通过邹广恒的表兄，国民党中央监察委员吴稚晖的推荐，向蒋介石、何应钦、白崇禧等人密告无锡共产党活动的情况，乞求蒋介石干涉、镇压无锡的大革命。4月8日，蒋介石由沪赴宁途经无锡时，在其专列车厢里召见赖世璜，面授机宜，下达"清党"密令。当天，十四军军部就以"有不明党纪党义之徒任意暴动"为由，发布《制止暴动八条规定》，公开限制工农群众的革命活动。同日，十四军内部开始"清党"，排斥革命左派，陈斯白、陈景福、陈学诗等人被迫离开军政治部。4月9日，邹广恒等人返锡，向赖世璜面交蒋介石亲笔信，授意赖部镇压共产党和革命群众。国民党右派势力党、政、军三方从此勾结起来，采用一系列手段镇压革命群众。10日，赖世璜指使师长叶景芬带兵包围通俗教

---

① 无锡市档案史志馆：《中国共产党江苏省无锡历史 第一卷（1925—1949）》，中共党史出版社，2019，第40页。

育馆，非法逮捕正在参加民众团体代表会议的总工会秘书王至昌、国民党区党部常委邹廷梁、石天民等 3 位代表。邹广恒也率领警察逮捕耀明电灯公司职员王树声。原来被关押在县公安局看守所的土豪劣绅却获释放。国民党市党部和市政厅联合召开"清党"会议，拟定"应捕异党名单"，共开列三四十人，张佐臣被列于黑色名单之首。会议还做出关于准备武器弹药、扩大商团武装以伺机动手的秘密决定。

时任无锡地方委员会书记的张佐臣发动共产党员和革命群众，同国民党右派势力进行针锋相对的斗争。王至昌等 3 位代表被捕后，各民众团体召开紧急会议，决定举行组织请愿团去军部请愿，若请愿无效，则举行总罢工以回敬右派的挑衅。4 月 12 日上午，各民众团体请愿队多次去军部请愿，要求释放 3 位代表，一直交涉到半夜，仍无结果。13 日上午，县总工会发出总罢工命令，数万民众冒雨举行营救 3 位代表市民的大会。会上，秦起代表总工会发表声明，严正指出："扶助工农的是我们的朋友，我们拥护他；反对工农利益的是我们的敌人，我们以对付敌人的手段对付他。"章子文、安友石、徐梦影、俞伯揆等中共党员在会上发表了演说。会后，数千群众冒雨再次去军部请愿。迫于群众压力，军部释放了 3 位代表。

在上海，正当工人运动蓬勃发展、革命浪潮滚滚向前之际，大革命形势骤然变化，隐藏在革命阵营内的蒋介石于 4 月 12 日在上海发动了反革命政变，大肆屠杀共产党人，疯狂镇压革命运动。

"四一二"反革命政变为无锡国民党右派镇压革命运动提供了信号。赖世璜在4月12日以"治病"为名，专车赴沪，面晤白崇禧。13日，赖世璜匆匆回到无锡，当夜与邹广恒等人策划，决定先向总工会开刀。邹广恒等人立即去市公安局召开紧急会议，研究攻打总工会的行动计划。计划出动公安局警察、商团二支队及唐根大、时阿六等一批流氓、工贼，由杨祖钰带领并指挥，于14日夜间开始行动，第一个目标就是县总工会。届时，由军部派出1个营的兵力，一部把守各城门，严禁城外工人、农民进城援助总会，一部则埋伏在崇安寺附近，作为攻打总工会的策应力量。主攻人员全部化装成工人模样，在事后谎称"工人内讧"，以欺骗民众。会议同时决定，在4月14日下午，由县长出面召开军民联欢会，托词"免除军民隔阂，联络感情"，以造成假象，迷惑群众，作为夜间行动的"烟幕"。

上海"四一二"反革命政变发生后，张佐臣召开紧急动员会以做应变准备。在沪参加上海总工会追悼阵亡工友大会的无锡总工会代表张中元，于4月13日返回无锡，立即向地委书记张佐臣汇报了上海"四一二"反革命政变的真相。张佐臣听取汇报后，心情沉重，觉察到革命将遭受挫折，但他丝毫没有动摇革命信念，还坚定地对工人们讲："无锡也要变了。这是蒋介石叛变革命的阴谋，我们要挺起胸来，做好迎接最艰难斗争的准备。"同时，他还抓紧时间找申新等厂的工人谈话，要求他们搞好团结，注意隐蔽力量。同日，国民党公开登报说："兹将本邑著名共产党通缉。各人并列悬赏价开列于后，获唐瑞麟赏洋 200 元；张鹏①赏洋 200 元；秦起赏洋 100 元……"②

14 日傍晚，无锡地方委员会在沈果巷 17 号召开紧急会议，出席会议的有党员、团员骨干 20 多人。会议认为，上海的反革命事件很可能会在无锡重演，对此必须保持高度的警惕。在研究应变措施时出现了两种意见：一种意见是，敌我力量过于悬殊，持这种意见的人主张暂时隐蔽，保存革命力量；另一种意见则是，我方有 10 万工人做后盾，持这种意见的人主张全力抵抗。双方各执己见，争论激烈。地委书记张佐臣同意第一种意见。张佐臣对与会同志们说："我们要挺起胸来，做好迎接艰苦斗争的准备，并抓紧时间组织隐蔽。"但无锡的国民党反动势力抢先下手。当晚 9 时许，秦起感到刻不容缓，立即退出会场匆匆赶回总工会，集合纠察队员紧急部署，誓与总工会共存亡。当晚 10 时，城区戒严，交通封锁，城外闻讯赶来的数百名工人纠察队队员被挡在东门和光复门外。城内，市公安局警察队、商团及流氓武装共 200 余人包围了总工会机关驻地——崇安寺大雄宝殿，向寺内疯狂射击，并撞开大门冲入寺内。秦起奋不顾身，率领纠察队员顽强抵抗，当场牺牲 10 多人。在寡不敌众的形势下，秦起为保护工作人员突围，自己不幸负伤被捕。当天夜里，总工会委员长秦起被杀害于公安局的一棵大树下，

---

① 即张佐臣化名。
② 市党部市政局市公安局工界联合总会：《无锡市党部市政局工界联合总会启事》，《锡报》1927 年 4 月 19 日第 1 版。

遗体被缚上石块沉入城内永定河中。国民党右派势力以血腥屠杀的残暴手段，开始了对无锡大革命运动的残酷镇压。

"四一二"反革命政变

《锡报》登载的国民党当局悬赏张佐臣的通告

杀害总工会委员长秦起后，国民党又查封了《无锡民国日报》报社，江苏中学及县、乡农民协会。4月19日，无锡做出"清党"计划及规定。顿时，白色恐怖笼罩着无锡城，革命陷入低潮。在危急关头，张佐臣不顾自身安危，一面组织幸存的同志及时疏散、撤退，一面转道回上海，与江浙区委重新接上了头，请求应变措施。无论是被通缉，还是最敬重的战友惨遭杀害，都没有动摇张佐臣作为一个共产党员的信念。

十六、危难时刻勇担当

　　身为一名中共党员，张佐臣没有半点犹豫，便踏上了回沪之路，上海的工作环境甚至比在无锡更差。刚刚经历过"四一二"反革命政变的上海，笼罩在一片白色恐怖的氛围之中。

　　"四一二"反革命政变是一场蒋介石勾结帝国主义官僚主义反动派针对革命群众的血淋淋的屠杀。屠刀率先在时任上海总工会委员长的汪寿华身上落下。汪寿华，原名何纪元，1901年生于浙江诸暨，1920年加入社会主义青年团，1921年4月赴苏联学习，1923年加入中国共产党。1925年汪寿华根据组织安排回国，担任上海总工会宣传科主任，协助李立三、刘少奇、刘华等人领导工人运动。在李立三、刘少奇被迫离开上海，刘华牺牲后，汪寿华便担起了上海总工会委员会负责人的重任。

汪寿华

第一次国共合作后，国内革命形势空前高涨。五卅运动掀起了全国工农运动高潮，革命情绪如熊熊烈火般不可阻挡，这些都为北伐战争准备了条件。

1926年7月，以推翻北洋军阀的反动统治，实现中华民族的独立、自由、民主和统一为目的的北伐战争正式开始。北伐军一开始就得到了战区和后方民众的大力支持，由南向北，一路势如破竹。1927年2月，北伐军进入上海郊区。

上海在革命斗争中历来处于重要的地位，是敌我双方的必争之地。从政治上看，反动军阀依仗帝国主义的势力，使上海成为反革命的据点；从经济上看，上海是国内财富的集中地，操控着国内的经济命脉。五卅运动后暂告一段落的上海工人运动，在北伐的进军声中，再次掀起了高潮。

为了号召和动员各地民众积极配合，响应北伐，中共中央于 7 月 31 日发出了《中央通告第一号》[1]，要求各地党组织"各自在当地立刻起来做地方政治的直接奋斗，由反对苛税杂捐力争民权自由，一直到推翻当地军阀政权，建立地方人民政府"。1926 年 7 月中共中央扩大会议专门讨论了上海工作，通过《上海工作计划决议案》，要求：上海区委应提出上海市民的总要求，即上海市民运动的政纲，并依此政纲的意义建立革命民众的联合战线。[2]根据中央的会议精神，上海区委开始准备武装起义。1926 年 10 月 24 日，上海工人在上海区委的领导下，举行了第一次工人武装起义。这次武装起义发动仓促，准备不充分，时机不成熟，最终失败。

1927 年 2 月 17 日，北伐军占领杭州。18 日，先头部队抵达嘉兴，上海的革命形势风起云涌。2 月 19 日，上海总工会发布总罢工命令，在"罢工响应北伐军"的口号下，先后罢工 36 次。罢工的本意是配合北伐军进攻上海，但北伐军到达嘉兴后却迟迟不前。20 日，中共中央在得知这个消息后，经过反复研究，决定将总同盟罢工转为上海工人第二次武装起义。可是由于计划泄露，海军两舰在来不及通知各区起义工人的情况下不得不提前开炮，打乱了整个起义计划。同时，离上海不远的北伐军总司令蒋介石早已起了别样的心思，命令北伐军不得援助工人。就这样，准备不充分的第二

---

[1] 中央档案馆编《中共中央文件选集 第 2 册（一九二六）》，中共中央党校出版社，1983，第 206 页。

[2] 中央档案馆编《中共中央文件选集 第 1 册（一九二一——一九二五）》，中共中央党校出版社，1989，第 259—260 页。

次工人武装起义遭到无情镇压。

在第二次武装起义失败后不久，1927 年 2 月 23 日，中共中央和上海区委召开联席会议，会议决定停止暴动，上海总工会下令复工，扩大武装组织，准备下次暴动。会议还组织成立了最高决策指挥机关——特别委员会，开始准备第三次工人武装起义。特别委员会由陈独秀、周恩来、罗亦农、赵世炎、汪寿华等八人组成。第三次工人武装起义确定由中共中央和上海区委负责，紧急时由陈独秀、周恩来、汪寿华负责。特别委员会积极负起准备武装起义的全面领导任务，使"上海工人阶级的政治斗争，走入最正确的路线，既决然夺取武装斗争，复决然为民众之政权而战"①。富有军事领导才能的周恩来担任武装起义总指挥，为这次起义的胜利奠定了基础。

1927 年 3 月 18 日，北伐军东路军抵达松江，起义时机成熟了。19 日上午 8 时，上海区委主席团召开会议，决定立即行动，动员罢工和准备起义。此次武装起义的策略是："罢工后立即暴动，夺取警察局；以纠察队维持治安，解除直鲁败兵的武装；占领各公共机关，成立市政府，欢迎北伐军。"②下午 1 时，特别委员会会议听取了汪寿华的汇报，拒绝蒋介石"不准罢工"的命令。20 日，中共中央和中共上海区委决定举行上海工人第三次武装起义。3 月 21 日中午 12 时，上海总工会代理委员长汪寿华在狄思威路麦加里

---

① 施英：《上海工人三月暴动纪实》，《向导》1927 年第 189 期。

② 中华全国总工会中国职工运动史研究室编《中国历次全国劳动大会文献》，工人出版社，1957，第 179 页。

（今溧阳路 965 弄 21 号）上海总工会秘密办公处下达总同盟罢工命令，并宣布立即启动武装起义进程。中午 12 时，各工厂和轮船汽笛齐鸣，工人们关车停工，冲出厂门，奔向街头。南市路上的四大公司宣布罢市。80 多万工人参加罢工，各大中学校的学生也开始罢课。总罢工以后，全上海市共产党领导下的工会力量马上启动武装起义。上海 7 个区的工人纠察队同时向敌人发动攻击。经过 4 个小时的激战，纠察队攻克了 20 余个据点，只剩下北站、商务印书馆天通庵车站的敌人还在负隅顽抗。敌军 500 人在 21 日早晨乘火车前往吴淞，准备乘海轮逃命，但到达吴淞后发现此地已被工人纠察队占领，只得再回上海。周恩来得到情报后，指挥工人在天通庵打了一场漂亮的伏击战。除少数敌人溜走外，400 余敌军全部被俘。汪寿华和周恩来、罗亦农、赵世炎等同志夜以继日地指挥战斗，在艰难地克服一切困难后，上海工人第三次工人武装起义取得了胜利。这次起义消灭北洋军阀部队 3000 余人和武装警察 2000 余人，缴获 5000 多支枪、若干门大炮和大量弹药、装备。300 余名上海工人和群众英勇牺牲，1000 余人负伤。

在起义胜利的日子里，群众的革命热情高涨，汪寿华的工作也更加紧张和繁忙。他一方面下令工人纠察队协助北伐军维持地方治安，另一方面通告全市工人一律于 24 日复工。

3 月 22 日，上海工商学界举行市民代表会议，选举产生上海市政府委员 19 人，组成上海特别市临时市政府，共产党员和共青团员占了 10 人，汪寿华当选为临时政府委员、常委，并在全市工人代表大会上当选为上海总工会委员长，在工人中享有很高的威望。上海工人运动迅速发展。至3月底，加入总工会的会员发展到了82万人，这是第三次上海工人武装起义的直接成果。虽然这个临时政府只存在了24天，但它是在中国共产党的领导下，最早由民众在大城市建立起来的革命政权。同时，第三次上海工人武装起义也是北伐战争中工人运动发展的最高峰，为中国开展城市武装斗争做了大胆尝试，在中国工运史上留下了光辉的一页。

正当上海人民欢欣鼓舞时，革命形势有了新的变化。一方面，帝国主义害怕上海落入共产党和工人手中，通过媒体声称"工部局今后的责任，就在取消共产党在工人中的影响"，同时增兵上海，准备武装保护租界。另一方面，蒋介石的反革命本性逐渐暴露，准备屠杀革命群众。1927年3月下旬，蒋介石一到上海就向青帮抛出橄榄枝，与青帮大亨们建立了密切的联系。当时蒋介石驻沪部队只有26军周凤岐部三千余人，且是新降的军阀部队，对镇压工人纠察队没有绝对把握，于是蒋介石决定借助青帮充当反共先锋。黄金荣、杜月笙等青帮头目观察形势后也见风使舵，迅速改变立场，完全投向蒋介石和帝国主义一边，积极充当蒋介石和租界资本家的马前卒，准备镇压工人。隐藏在革命阵营里的蒋介石和帝国主义、大资产阶级代表互相勾结，策划着反革命政变。蒋介石一方面以总司令的名义发布文告，限制工会和工人纠察队的活动；另一方面又给工人纠察队送去他亲自题写的"共同奋斗"锦旗，以此降低工人的警惕性。

3月27日，汪寿华不顾个人安危，毅然面见蒋介石，希望能够与北伐军一起保障上海的稳定，同时试探蒋介石对工人运动的态度，以便及时应对。在第二天的上海区委主席会议上，汪寿华汇报了会见蒋介石的情况："昨见老蒋，先加慰劳，他并无赞扬上海工人……蒋介石提出，外交方面要工会方面听军事当局指挥，我没有答复。"

蒋介石反动的面目越来越不加掩饰。3月29日，市民代表冲破蒋介石"暂缓办公"的阻挠，当场成立市民政府，汪寿华宣誓就任，并召开第一次市民政府委员会会议，讨论如何同蒋介石反动派做斗争。

4月3日，汪寿华以上海总工会的名义，在上海各报刊登紧急启事，提醒工人和市民警惕流氓的阴谋，并通知全体工人和纠察队队员要严守纪律，以免为敌人寻衅提供口实；4月4日，他又召开上海总工会第二次执委会，做出"如发生解除工人武装的事情，则决定发动全市工人总罢工"的决议；4月5日，汪寿华发表《敬告上海市民书》，揭露反动派造谣中伤、挑拨捣乱的阴谋，希望市民协助制止；4月7日，汪寿华又召开工会代表大会，通过决议指出，倘有干扰或不利于纠察队的行动，全市工人决定以全力制止；同日，他领导下的上海工人总工会还在上海各报刊登启事和发出《告工友书》，声明对收回租界和维持治安两个问题将和各界一致行动，决不会单独行动，由此揭穿反动派对纠察队所捏造的谣言。①

---

① 杨飞、王成会：《汪寿华：牺牲在四一二反革命政变中的第一位共产党人》，《党史纵览》2009年第8期。

蒋介石见对付共产党软的不行，就来硬的，与杜月笙密谋除掉汪寿华。1927 年 4 月 11 日，杜月笙邀请汪寿华晚上赴宴，汪寿华立即向组织做了汇报。有人劝他不要去，说杜月笙这伙流氓反复无常、唯利是图，他们是什么事都干得出来的；也有人认为可以去，去了可以摸清敌人的底细，震慑敌人的阴谋诡计，但要注意安全。汪寿华泰然表示："我过去常和青红帮流氓打交道，不去反叫人耻笑，为了党和工人阶级的利益，我宁愿牺牲一切。"为了安全起见，组织上决定由李泊之陪同前往。但就在两人即将到达杜宅时，汪寿华要李泊之在华格臬路（今宁海西路）杜月笙住处等他，如果两小时他还不出来，即有意外，要李泊之立即报告组织。

晚 8 点左右，汪寿华大踏步进入杜宅铁门，立即中了埋伏，当夜牺牲在枫林桥，年仅 26 岁。

蒋介石自觉除掉了心头大患。第二天凌晨，他便发动了震惊中外的"四一二"反革命政变。上海登时乌云笼罩，阴风惨惨。蒋介石到处抓人、杀人，受蒋介石控制的青红帮流氓充当反共先锋和打手。只要是共产党员的，一律不加审问，抓起来就枪毙、砍头，蒋介石控制下的反动势力甚至当街捕人、当街处决。被捕的共产党员多被反动军警和流氓押至郊外，双手背缚，一排排地踢倒，由刽子手从后边开枪。伴随着一声声枪响，逝去的是一个又一个鲜活的共产党人的生命。仅仅几天时间，上海及周边地区的共产党员和工会积极分子就失踪和牺牲了几万人。

当时的上海已完全被白色恐怖笼罩着，革命者的鲜血染红了黄浦江水。4月16日至18日，由李立三主持，中共江浙区委两次召开重要会议。参加会议的有陈延年、罗亦农、周恩来、赵世炎等人。在会上，李立三首先说明了中央派他和陈延年等来上海的目的和任务，宣布由陈延年、赵世炎、周恩来、李立三、罗亦农等人组成特别委员会，并传达了中央关于沪区工作的决议案，讨论了中共中央关于准备反蒋的新方针及江浙区党组织如何执行中央方针的问题。

从无锡紧急回上海汇报工作的张佐臣正是在此刻抵达的。这时，上海经过"四一二"反革命政变，大批党的优秀干部遭反动派杀害，且张佐臣在无锡已暴露身份，并受到国民党通缉，无法返锡。上海总工会党团书记赵世炎要求张佐臣留沪承担上海总工会工作。作为上海总工会党务委员会委员兼组织部负责人，张佐臣坚决服从组织的安排，立即以大无畏的革命精神投入工作。于是，就在极端险恶的环境中，他挑起革命的重担，坚持领导工人群众开展艰苦卓绝的斗争。

就如毛泽东在七大报告中指出的："中国共产党和中国人民并没有被吓到，被征服，被杀绝。他们从地下爬起来，揩干净身上的血迹，掩埋好同伴的尸首，他们又继续战斗了。"[1]

此时的上海正处于血雨腥风的白色恐怖笼罩下。早先曾与张佐臣一起工作的同志，牺牲的牺牲，隐蔽的隐蔽。遵照党的指示，党员的活动不得不都转入地下。张佐臣利用好时间，先后潜入已经被

---

[1] 中共中央文献研究室编《毛泽东在七大的报告和讲话集》，中央文献出版社，1995，第28页。

国民党强行解散的日商纱厂工会和浦东的各个工会。工会里早已人去楼空，地上散落着些杂物，张佐臣只在门外望了一眼，见不到踪迹，便迅速离开了。想到棚户区的工人应当不会轻易离开自己的家，张佐臣便寻了个角落，换上工人时常穿的衣服，朝着过去自己晚上常待的棚户区走去。拐过一个街口，张佐臣就感觉到有目光有意无意地落在自己身上。"果然有白狗子。"他心中暗忖，面色如常地继续往前走。眼见得天色渐暗，他顿时有了主意，躲过监视之后，在一户人家后门捡了些丢在地上的菜叶，回头镇定从容地往弄堂深处走去。监视的人只当是回家做饭的工人，就没在意。张佐臣一边走，一边留意两边房子的煤球炉，倘若还有热气，必定是有人在家。

"太好了，老李还在！"张佐臣心中一喜，看了看左右，便闪身进去敲门。

过了半晌，才有个怯生生的女声响起："是谁呀？"

"是我，纱厂的小张。"张佐臣压低了声音。

"啊？！"里面的人很是惊讶，但门"吱呀"一下快速打开，把张佐臣拉了进去。"张主任……不，张大哥，真的是你。你怎么回来了？现在外面那么危险，你还好吧？"老李的媳妇是纱厂的女工，对张佐臣也很熟悉，关心之情溢于言表。

"我不要紧，组织也还在，你放心。老李呢？"

"在里间呢，现在有人来我都喊他躲里面，和别人说他回乡下了，免得招来麻烦。你跟我来。"老李媳妇把他带到门前，"张大

哥，你进去吧，我去倒水。"

张佐臣推门进去，老李迎了上来。谁也没有开口，两双手紧紧地相握在一起。一双手像是卸下了负担、找到了依靠一样，手心有点冒汗，另一双手则是像老虎钳一样，传递着坚定的力量。

"老李，组织上让我来查看同志们的情况。工会、工友们现在怎么样，有没有受到冲击？"

"那天，那些流氓就像疯了一样，冲进我们的工会室，见人就打。兄弟姐妹们反抗不过，好几个被打倒在地上，头破血流，胳膊也折了。我们的人还没赶来，流氓打完就跑，叫嚣着要是我们再集会，还要打我们。真是太可恨了。"老李神情悲痛，拳头攥得咯咯响。

张佐臣闻言沉默了一会儿："那受伤的兄弟姐妹们安顿了吗？"

"工会出了些钱，找医生看过了。"老李一抹眼睛，"有两个受伤严重的，我已经喊他们回老家去避避。其余的就都躲在家里，基本不出门。我跟他们交代过了，有困难时可以来找我，我都会在这里，负责和组织上联系。"

"放心吧，老李，现在我也在这里帮衬咱们了。老李，你也是庄稼人出身，这不过是迎来了一个冬天罢了。"张佐臣拍了拍老李的肩膀，"劳烦你明天跑一跑，我要让这团火继续烧下去。"

"张大哥，我和老李一起跑，保证完成任务。"老李媳妇端着水杯走进来，轻声但有力地说道。

"好，通知大家去那个备用的地址。你们要注意隐蔽，要注意保护自己。"张佐臣欣喜地看着这对夫妇。敌人的暴力不能让他们屈服，棍棒没有让他们失去勇气，这就是伟大的中国无产阶级！

第二天，在隐蔽的地下室里，面向躲过劫难、幸存下来的同志们，他沉痛述说总工会的遭遇，讲明蒋介石反动派的真面目，悲痛悼念牺牲的同志和工人纠察队队员，鼓励大家坚强起来，保持镇静，不要被反动派的屠杀吓倒。与此同时，张佐臣非常严肃地向同志们讲明了革命的艰巨性和复杂性，告诉大家组织还在，斗争还在继续，一定要坚定信仰，相信党的领导，绝不可叛党。在充分鼓舞大家的信心之后，张佐臣又根据党员同志身份的不同以及在工会和纠察队中工作属性的不同，分门别类做好同志们的转移和疏散工作。他抓紧安排妇女同志隐藏好身份，居家避风，没事不要外出，逢人不要多讲话，等待组织上的下次指示和行动；针对工人纠察队中的骨干，又立刻要求还没有暴露的同志，最快时间转移出上海，回到乡下避难，没有组织的通知不能回来。

在张佐臣卓有成效的转移工作下，仅仅两三个月的时间，就有大批的工人骨干成功转移。这些工会的党员同志和积极分子，按照张佐臣的安排，必要时刻转移到乡下和郊外，隐蔽及时的则保留在工厂中，继续做工，以待时机。由此，党在上海的各个工厂中的地下党小组延续了下来，为以后几十年的革命武装斗争乃至上海最终解放时的护厂行动①都保存了火种、积蓄了力量。

---

① 根据1949年1月中共中央作出的指示，上海工人协会修改并颁布《上海工人协会简章》，要求工人保护工厂，防止破坏，反对搬迁。

十七、一届监委履新职

　　"四一二"反革命政变发生后，大革命遭
受严重挫折。在大革命的紧急关头，中国共产
党决定于1927年4月27日在武汉召开第五次
全国代表大会。面对错综复杂的矛盾和尖锐激
烈的斗争，中国共产党需要对形势有清醒的认
识并采取果断的行动才能挽救革命。中国共产
党第五次全国代表大会就是在这种非常状态下
召开的。全体党员期望这次大会能正确判断当
前局势，回答大家最为关注的如何从危急中挽
救革命的问题。大会的主要任务是根据共产国
际执行委员会第七次扩大全会关于中国问题的
决议案精神，总结过去的工作，讨论革命的发
展前途。

1927年4月22日，张佐臣被选为上海党员代表，出席党的第五次全国代表大会。保险起见，他与中央机关的其他同志乔装打扮，隐蔽在人群中，从上海黄浦江码头登上驶往汉口的轮船，前往武汉参加中国共产党第五次全国代表大会。当时，这艘开往武汉的船，还搭载着罗亦农、李立三、王荷波等一批共产党人，他们或伪装成卖鱼的，或伪装成卖瓷器的，或伪装成做茶叶生意的，分住在不同的客舱，彼此装作不认识，以避开警察的搜捕。

在白色恐怖的背景下，革命转入低潮。在这样的危急关头，张佐臣前往参加党的五大的路上也充满着艰险。许多年后，曾经参加过中共五大的陆定一老先生回忆道："长江沿岸很不平静，中国招商局的轮船随时都可能被军队拦截……沿途要经过南京、芜湖、安庆、九江，这些城市已被蒋介石、朱培德的军队所控制……"[1]从陆定一的回忆录中可以看出当时中国共产党人的处境是多么危险。但无论革命形势多么恶劣，外部环境多么复杂，张佐臣都一以贯之地践行着对党忠诚的誓言。

4月正是春天，但黄浦江码头却毫无一丝暖意，江风透着几分冷冽。身着一袭半旧青色长衫的张佐臣和短装打扮的杨培生正在码头排队等待上船。突然，几个巡捕和密探出现在他们面前，开始盘问他们的身份和目的地。张佐臣面色不变，镇定地告诉他们，自己是准备去外地做一点小生意的商人，短装打扮的中年人是他的跟

---

[1] 陈清泉：《在中共高层50年——陆定一传奇人生》，人民出版社，2006，第8页。

班。面对这位镇静自信的青年人，巡捕找不到任何破绽，只好挥手放行了事。

船抵武汉后，张佐臣等代表受到了湖北省总工会及国民党湖北省党部、省农民协会、妇联、学联等团体的热烈欢迎。浓厚的革命氛围，深切的同志之情，使得刚离开白色恐怖的一行人激动得不能自已。这是张佐臣第一次来到武汉，也是少有的和同志们一道参加党的大规模内部会议，更是他第一次作为正式代表出席党的全国代表大会。彼时蒋介石的南京军事政府已经公开反共，相较于长江下游的血雨腥风，国民党内的另一派以汪精卫为首的武汉国民政府则尚未有所表示，武汉仍处于国共合作时期，形势相对和缓。武汉人民群众的革命热情、北伐军攻占汀泗桥时势如破竹的军威声威，还都洋溢在这座江汉名城的街道上。张佐臣和杨培生作为上海工人的党代表，这里走走、那里看看，不由得感叹武汉党组织蓬勃的发展活力和汉阳、汉口、武昌三镇产业工人的积极性。不过，想到上海工人正在遭受屠杀和劫难，他们又悲从中来，压抑着难以言说的苦衷，希望党的中央机构能够及时调整政策、做出应对，反抗蒋介石的野蛮暴力。

1927 年 4 月 27 日至 5 月 9 日，中国共产党第五次全国代表大会在武汉举行，大会会场安排在武汉市武昌都府堤 20 号武昌高等师范学校附属小学的风雨操场的底楼，这里也是湖北早期党组织的创建人、中共武汉地委领导陈潭秋以教书为掩护从事革命活动的地方。会场内，正中墙上从上至下分别悬挂着马克思、列宁、孙中山带木质边框的照片，左右两侧分别悬挂着中国共产党、国民党党旗，以及两行布质标语，写着"坚决的领导农民运动""资产阶级叛逆后""努力团结"等字样，两边墙上还贴着两幅标语——"争取非资本主义前途""国共合作到底"。主席台上有两排桌子，台下摆放着木条凳供大会代表就座，后面是列席者和筹备会议的工作人员的座位。风雨操场旁有个小礼堂，是中共五大代表的休息处，同时也是召开中国共产主义青年团第四次全国代表大会的会场。大会期间，门口没有明显的标志，代表们也没有出席证，每天都凭下达的口令出入。开幕这天的口令是"冲锋"。

来自全国的82名正式代表代表全国57900余名中共党员，出席了党的五大。共产国际代表罗易、鲍罗廷、维经斯基等出席了大会。五大的第一天是开幕式，开幕式由陈独秀主持。他以中共中央总书记的身份宣布："中国共产党第五次全国代表大会现在开幕！"随后，他代表中共中央致开幕词。接着，共产国际代表罗易、国民党中央代表徐谦以及工会、学生会、青年团、童子军的代表先后致辞，祝贺大会召开。会议开始后，在湖北代表罗章龙的提议下，大会通过了15人的大会主席团名单，包括陈独秀、蔡和森、李立三、李维汉、罗章龙、瞿秋白、张国焘、谭平山等。大会设立了政治委员会，由陈独秀等13人组成，瞿秋白为秘书；土地委员会由谭平山等10人组成，毛泽东为秘书；职工运动委员会由李立三等9人组成，邓中夏为秘书；大会秘书处由蔡和森、张太雷等5人组成，蔡和森为秘书长。张佐臣在会场上，见到了党内的诸多领导同志，与陈独秀、瞿秋白等人也渐渐熟悉起来；同样，他还见到了在上海地区长时间工作和生活过的李立三、邓中夏等已经很熟悉的同志。邓中夏等人见到他很是惊喜，热情地询问他上海的近况，鼓励他一定要坚持斗争。

1927年4月28日，即五大召开的第二天，会场上的代表们获悉了一个噩耗：38岁的李大钊在北京西交民巷京师看守所被绞杀。《晨报》刊登了这位中国共产党创始人的遗照，并留下了这样的记载："他身着灰布棉袍，青布马褂，俨然一共产党领袖之气概……态度极从容，毫不惊慌……"共产国际执委会第八次会议给中共发来电报：李大钊的英勇就义和其他在北京被杀害的共产党员的壮烈牺牲是在国际无产阶级的记忆中永远不可磨灭的。李大钊牺牲在中共五大召开之际，这是当时严峻形势的真实写照。

"四一二"反革命政变以后，武汉管辖区的工农群众运动在中国共产党的领导下继续高涨，革命形势继续发展。但是，反动派的反革命活动也日益嚣张。为了防备反动派的突然袭击，中共五大是秘密召开的，所有报纸一律保持缄默。开幕式后，代表们就迅速离开了会场。两天后，会议移到位于汉口（今自治街31号，武汉第七十五中学）的黄陂会馆继续召开。黄陂会馆院落整体呈长方形。会馆中间的大厅是会场，右边的房间是秘书处，可在里面油印文件。大厅外，一条鹅卵石小路穿过草坪通向大门。大门旁边是警卫所在的警卫间。门外天天有唐生智军队的士兵在空地上操练。这里环境僻静，是一个相对安全的开会场所。会场内的主席台上并排挂着马克思和列宁的画像，旁边墙上张贴着大红标语，内容大致是"工人小资产阶级联盟""争取非资本主义前途"这一类口号，这是以前未曾有过的宣传，把会场气氛烘托得庄严又热烈。

中国共产党第五次全国代表大会会址

中共五大提出了争取无产阶级对革命的领导权，建立革命民主政权和实行土地革命的一些正确原则，但对无产阶级如何争取革命领导权，如何领导农民实行土地革命，如何对待武汉国民政府和国民党，尤其是如何建立党领导的革命武装等问题，没有提出具体措施。在五大会议之后发生了夏斗寅叛变，李立三和蔡和森提议叶挺及中央军事政治学校全部武力立即占领粤汉路，兜剿夏斗寅，若唐生智全部叛变，则直由粤汉路取湖南为根据地，再进攻湖北与广东；发动一切工农群众起来作殊死战，乘机扩大工农纠察队武装，并开赴前敌助战；同时提议积极准备武力对付，以暴动对暴动。①
党中央接受了蔡、李二人的提议，调部队打败了夏斗寅的叛军，但
是拒绝了他们关于建立湖南根据地的提议，也没有决心以武力应对
武汉反动局面，失去了一次重要的革命时机，因此，五大确立的工
作路线并未使中国革命走上正确的道路。

尽管如此，中国共产党第五次代表大会却有一个意义非凡而又
鲜为人知的"第一"，就是大会选举产生了中央监察委员会，这是
中国共产党历史上第一个专门的中央监察机构。

从中国共产党的发展历程来看，中国共产党自成立之初，就
非常重视党的纪律和监督机制的建设。一大通过的纲领明确规定：
"地方委员会的财政、活动和政策，应受中央执行委员会的监督。"
二大通过的《关于议会行为的决议》，明确了共产党员参加议会活
动的监督制度。在二大通过的第一个党章、三大通过的《中国共产
党第一次修正章程》和四大通过的《中国共产党第二次修正章程》
中，均专设"纪律"一章。1926 年 8 月 4 日，中共中央发出关于
坚决清洗贪污腐化分子的通告。这是党的历史上第一个惩治贪污腐
败的文件。中央监察委员会是党组织和革命形势发展到一定历史阶
段的客观需要和必然产物。

中国共产党刚成立时才 50 多名党员，一无政权，二无经费，
中国共产党的创始人陈独秀和李大钊通过教书、写作、当编辑来维

---

① 蔡和森：《蔡和森文集（下）》，人民出版社，2013，第 878 页。

持生计，为党的发展筹措经费。党员人数少、质量高，且长期处于秘密状态，机构精干且纪律严明，违纪现象极少发生，因此没有成立专门的纪律检查监督机构，是由党的各级委员会直接维护和执行党纪。陈公博和周佛海两人虽然为一大代表，但参加一大后不久就严重违反了党的纪律。党毫不留情地将这样的人清理出去，保持了党组织的纯洁性。可见，中国共产党虽然没有在成立时设立纪律检查监督机构，却能严格维护和执行党的纪律，保持了清正廉洁的作风。

国民党一大召开后，工农运动日益兴起，第一次国共合作的深入和轰轰烈烈的大革命的到来，使得国内革命形势日益高涨，党的力量迅猛发展，大批工人、农民、知识分子、进步青年和革命军人纷纷加入党的组织，使党至1925年1月中共四大召开前，党员发展到994人。为适应革命大发展的需要，在中共四大会议上，党中央决定在全国范围内建立和发展党的组织，并决定将原党章中有5人以上方可组织小组的规定，改为"有3人以上即可组织支部"。新党员的急剧增加、党员教育的滞后，加上少数投机分子的混入，使得党的先进性和纯洁性面临严峻考验。另外，国共合作后，大量共产党员以个人身份加入国民党，在国民党各级党部、军队和政府内任职。这些跨党任职的党员时刻面临着权力、地位、金钱、美色等各种诱惑，另外，革命阵营内"左派"与"右派"的分化日益严重，少数意志不够坚定的党员出现了贪污腐化、追逐享受甚至叛党变节等现象。到了"四一二"反革命政变爆发、白色恐怖镇压革命的危难情况下，脱党、叛党甚至投敌等现象屡屡发生这种情况之下，在中国共产党内部设立专门的纪律检查机构，就成了一件迫在眉睫的事情。

中国共产党党员人数至 1927 年 4 月中共五大召开前已达到 57967 人。[①] 从四大时期的不到 1000 人，发展到将近 60000 人，党员数量的快速发展，一方面彰显了我党强大的号召力和凝聚力，另一方面也暴露了党组织内部存在的一些问题：党组织在扩大党员规模的过程中，忽略了对入党人员的考察教育，导致部分投机分子混入党内。虽然这部分人数量不多，但严重影响了党的声誉，对党的发展造成了严重的负面影响。中共第四届中央执委会第二次扩大会议上发布的《中央政治报告》就明确指出，"党员数量虽然增加而质量确是退化了""同志中之一部分，发生贪官污吏化（即有经济不清楚揩油等情弊）"。[②]

党组织需要完善党内运行机制，重塑党内风气，严肃党的纪律，巩固党的团结，永葆党的纯洁。成立党内监察机构，创立监察委，其根本目的是加强党的意志和权威。这说明，经过建党以来的实践，中国共产党已认识到，要加强自身建设，必须建立独立机构以专司监督执纪之责。监察委员由党的代表大会选举产生，向党的代表大会负责，不以党的其他委员兼任。这种选举而不委派、专任

---

① 李颖：《文献中的百年党史》，学林出版社，2020，第 54 页。

② 中共中央文献研究室、中央档案馆编《建党以来重要文献选编（一九二一——一九四九）第三册》，中央文献出版社，2011，第 272 页。

而不兼职的规定，目的正是保障监察委员的独立性和权威性。

1927年5月9日，中共五大选举出中国共产党历史上第一个中央纪律检查监督机构——中央监察委员会。中央监察委员会委员有7人，分别是王荷波、杨匏安、许白昊、张佐臣、刘峻山、周振声、蔡以忱，其中张佐臣的年纪最轻。候补委员有3人，分别是杨培生、萧石月、阮啸仙。其中，王荷波当选为中央监察委员会主席，杨匏安当选为副主席。这10位委员都是工农运动和革命斗争中久经考验、在群众中拥有崇高威望的党的领导干部，其中6人是工人出身，如王荷波、张佐臣、杨培生、许白昊等，长期从事工人运动，有着丰富的工人运动经验，可见此时中国共产党已经意识到工人成分和工人运动的重要意义。

首届中央监察委员会领导成员群雕

五大在党章中专门增设了第八章"监察委员会"，规定了监察委员会的地位、职责、运动规则，明确："为巩固党的一致及权威起见，在全国代表大会及省代表大会选举中央及省监察委员会。""中央及省监察委员，不得以中央委员及省委员兼任。""中央及省监察委员，得参加中央及省委员会议，但只有发言权无表决权。遇必要时，得参加相当的党部之各种会议。""中央及省委员会，不得取消中央及省监察委员会之决议；但中央及省监察委员会之决议，必须得中央及省委员会之同意，方能生效与执行。遇中央或省监察委员会与中央或省委员会意见不同时，则移交至中央或省监察委员会与中央或省委员会联席会议，如联席会议再不能解决时，则移交省及全国代表大会或移交于高级监察委员会解决之。"

张佐臣之所以会被选举为首届中央监察委员会委员，是因为以下几点：首先，对党的忠诚是根本原因。"对党忠诚，必须一心一意、一以贯之，必须表里如一，知行合一，任何时候任何情况下都不改其心、不移其志、不毁其节。"张佐臣的一生都在用自己的实际行动诠释对党的忠诚，尤其是在党的重要的几个革命节点上，他都经受住了考验，彰显了对党的矢志不渝。无论是在无锡还是在上海，张佐臣都毅然决然地服从党组织的安排，用饱满的热情投入革命工作中去，为党的事业抛头颅、洒热血，在中国革命史和中国工运史上书写着光辉的篇章。其次是深入群众、甘于奉献的精神，这是张佐臣践行革命理想的重要品质。人民立场是中国共产党的根本立场，中国共产党自成立之日起就把为人民谋福利放在首位。1924年，18岁的张佐臣加入了中国共产党，入党后的张佐臣始终不忘初心，无论是在二月同盟罢工中，在五卅运动中，还是在开办夜校、在无锡开展工人运动时，他始终用行动践行中国共产党为民发声的使命。张佐臣为民奉献的精神深受党组织和组织内其他同志的赞扬，这种不求回报的奉献精神是他在众多候选监察委委员中脱颖而出的重要原因之一。最后，是张佐臣善于学习、敢于斗争的精神。张佐臣出身贫寒，而旧时代的穷苦孩子，只要不因饥寒而夭折就算完成了生命的责任，教育在温饱问题前面从来都是次要的。但天资聪颖的张佐臣，在大康纱厂做工期间经常挤出时间上夜校，参与各项学习活动，思想进步迅速。在那段时间，张佐臣通过自身努力，进步飞快，像是换了一个人一样，在工友之中，俨然成为一个知识分子。经过不断的学习、累积，张佐臣掌握了丰富的文化知识，逐渐用先进的革命理论武装头脑，并慢慢蜕变为一个合格的无产阶级革命者。同时，张佐臣投身于革命，在追求革命理想的道路上，遇见了很多优秀的革命同志，如李立三、邓中夏、杨之华。这些革命前辈或同志对先进的革命理论有很深刻的理解，并且有丰富的领导工人运动的经验。他们或多或少、直接或间接地对张佐臣产生了影响。张佐臣还善于斗争。从他的每一次革命实践中，我们都可以看出他的卓越领导才能和敢于斗争的勇气，这使得他一步步成为一名优秀的工人运动领导人。

张佐臣在中共五大上当选为中央监察委员会委员后，原本按照中央安排留在武汉开展革命斗争和监察委的工作。但5月17日，原驻宜昌第十四独立师师长夏斗寅率部进逼武昌附近的纸坊。21日，国民党反动军官许克祥率叛军制造了"马日事变"，湖南的共产党组织和工农群众团体被破坏，共产党员、国民党左派及工农群众 100 余人被杀害。此后，统治江西的国民党第五方面军总指挥朱培德也叛变革命，革命形势进一步恶化，大革命有失败的危险。为了尽快恢复党的组织，党中央几经考虑，决定让张佐臣回上海，因为张佐臣熟悉上海的革命环境，对恢复党中央机关和工人运动有很大的帮助。当时，上海的革命环境极其恶劣，党组织机关基本被破坏殆尽，大批党员被捕牺牲。因此，前往上海继续工作充满了危险。但是，张佐臣接到组织的命令后，坦然地接受了任务，毅然回到了上海。张佐臣虽然参与中央监察委工作的时间并不长，却在中共党史上留下了浓墨重彩的一笔。在所有的监察委员中，张佐臣的年纪最轻，被选为中央监察委员时年仅 21 岁，但他当之无愧，之后他也继续用实际革命行动践行着入党的初心和使命。

十八、枫林桥畔埋忠魂

在上海，面对党组织被破坏、大批革命志士遭到残忍杀害的情况，在如此恶劣的工作环境中，张佐臣没有犹豫，义无反顾地回到这个他无比熟悉的、曾经让他找到信仰和令他充满革命激情的城市。他认为，即使再困难，中国共产党的事业也不能停歇，尽管此时的上海是沉沉黑夜，但他坚信黎明终会到来。为了这一天，他愿意付出一切，哪怕是宝贵的生命。

"四一二"反革命政变后，蒋介石集团在江浙和上海地区疯狂清党，大批共产党员惨遭杀害，中共和工会组织遭到了严重的破坏，江苏各地的共产党组织也被迫转入地下秘密活动，许多基层组织被拆散，全省共产党员从

7000 多人锐减到了 1000 多人。苏南地区的工会、农会等革命群众组织被查禁，革命营垒迅速分化。1927 年 4 月，陈延年任中共江浙区委书记。面对如此险恶的形势，陈延年毫不畏惧，勇敢地承担起重整旗鼓的重任。他立即与担任区委组织部长的赵世炎一起，开始为恢复被摧残的党和工会组织日夜奔忙。

当时，中共各级党组织已转为极端秘密的状态，党内的一部分动摇分子产生了消极恐惧情绪，甚至离开了党组织，也有一些人产生了左倾主义的思想，空喊"蒋介石政权只能维持 3 个月"的懦弱逃避口号，不愿做艰苦深入的群众工作，也不愿意打入刚建立起来的工会组织中争取群众。陈延年则保持了较为清醒的政治头脑，既反对因革命失败而丧失信心、消极动摇的右倾情绪，又反对盲目乐观、不承认革命遭受挫折、不愿做艰苦工作、只求蛮干的"左"倾思想。他主张到群众中去做艰苦细致的发动工作，同国民党左派建立反蒋的联合战线，利用一切公开或秘密的形式进行斗争。陈延年的这一正确主张，得到了赵世炎及区委其他负责人的支持，从而使上海及江浙区南京、无锡、宜兴、江阴等地的党组织部分得以恢复，并能够在极端恶劣的环境下继续开展工作。他们经常彻夜不眠，共谋大计，常利用早饭前后的时间谈工作，饭后即分头外出活动。陈延年除负责整个江浙区党组织的恢复工作外，还直接领导与国民党左派的统战工作。他有时去找迷茫的同志谈话，使绝大多数同志都能在白色恐怖中保持立场坚定；有时又去拜访一些国民党左派人士，商量组织革命统一战线问题，共同反对蒋介石的倒行逆施。

1927年6月1日，为适应新的斗争形势，中共中央政治局会议通过了《中国共产党第三次修正章程决案》，规定地方党的组织系统为省、市或县、区委员会。中共中央决定撤销江浙区委，分别组建江苏省委和浙江省委，同时由江苏省委兼任上海市委，并决定由原江浙区委代理书记陈延年主持江苏省委的筹建工作。

经过一段时间的紧张筹备，中共江苏省委兼上海市委于1927年6月上旬在上海成立。6月26日上午，江苏省委在上海施高塔路恒丰里104号（今山阴路恒丰里90号）召开会议，陈延年、赵世炎、郭伯和、王若飞、韩步先、黄竞西等为省委委员，陈延年为书记，郭伯和为组织部部长，王若飞为宣传部部长，韩步先为秘书长。

江苏省委在白色恐怖的恶劣环境下成立，是我们党坚持秘密斗争的阵地，在极端险恶的环境下与敌周旋，一方面整顿、恢复各地党组织，另一方面领导、部署各地工人运动，农民暴动。

中共江苏省委机关旧址

中共五大后，武汉地区的革命形势进一步恶化，反革命活动迅速表面化，武汉的国民党中央和国民政府很快走向反动。中共中央指示部分负责干部回到有群众基础的东南各省恢复工作，张佐臣、杨培生等当即秘密赶回上海。

1927年6月17日到23日，张佐臣又参加了在汉口召开的第四次全国劳动大会，中华全国总工会党团书记李立三与苏兆征、邓中夏和刘少奇等主持和领导这次大会。张佐臣再次被选为中华全国总工会执行委员。这次劳动大会后，形势更加恶劣，汪精卫公开反共，武汉地区的反动局面实际上已经形成，中国共产党也开始转入新的斗争时期。

回到上海后，在中共江苏省委的领导下，张佐臣以更大的热情投入工作之中，在极端困难的环境里，负责恢复、重建上海总工会，为保存革命骨干、积蓄革命力量做出了贡献。但是，在严峻的生死考验面前，一部分投机革命的人动摇了，背叛了革命。1927年6月26日上午，中共江苏省委在上海四川路施高塔恒丰里104号住宅里召开干部会议。会议正在进行时，有人报告说有一交通员被捕，此人供出了省委机关的秘密住所。大家闻讯立刻宣布散会，与会者迅速离开。下午3时，为销毁文件，陈延年等人又回到恒丰里探视。他们先暗中在附近观察周围动静，见没有什么异样，便冒险进门，焚烧办公室内的秘密材料。不料，不到半个小时，他们便被军警包围。当荷枪实弹的军警走进屋子时，陈延年等见已躲避不及，便以桌椅为武器，奋不顾身地与军警搏斗，并示意其他同志火速撤离。最后，陈延年、郭伯和、黄竞西、韩步先等四位同志因寡不敌众而不幸被捕，刚成立的中共江苏省委惨遭破坏，上海总工会机关也因此暴露。在敌人的严刑拷打之下，韩步先叛变，不仅指认了陈延年等人，还供出了上海总工会的秘密地址。6月29日，张佐臣、杨培生等工会骨干正在四川北路横浜桥附近的上海总工会秘密机关（杨培生夫妇居住地）召开工会组织员会议，杨培生的妻子抱着孩子在弄堂口"望风"。突然，几十个便衣特务手提短枪，包围了会址的前后门。杨培生的妻子连报信都来不及，刚喊了一声，几名明显很熟悉地形的特务已经冲上了楼。

正在开会的同志看到来人是通信员小王，就不假思索地把门打开了。门一开，七八个便衣特务就一路跟着小王上楼，动作极快，原来小王就是变节后潜伏在党内的叛徒。楼上的同志们正在开会，听到楼下传来动静，大概知道发生了什么，大家都很镇定，敌人看一时拿不到证据，就说"跟我们到司令部走一趟"，用手铐把同志们都铐上了，准备带走。走下楼来到客堂，特务要把刚刚开门的同志也抓走。此时，张佐臣挺身而出，说："他是二房东，这房子是我向他租的，有什么事情，一切由我承担。"被称为"二房东"的同志立刻机警地向特务表示，他什么情况也不知道。反动特务恶狠狠地说："你听着，一星期内你不许离开这地方，要找你，随传随到。"张佐臣就这样落入了敌人的手中，一去不复返。此时，总工会这里还有重要文件尚未转移出去，没有组织上的指示，又不能随便毁掉。

张佐臣、杨培生等人当即被押送至狄思威路（今溧阳路）巡捕房，当晚移押至枫林桥国民党保安司令部。

枫林桥监狱旧址

张佐臣被捕后，党组织万分焦急，想方设法准备营救。张佐臣尽管用了化名，还是暴露了身份。在审讯期间，张佐臣遭到了敌人的严刑拷打，但他毫不屈服。一众打手把他和杨培生列为共产党的骨干，分开关在黑漆漆的地下室牢房里。张佐臣的胳膊和双腿被反绑在水泥柱上，衣服已经被打得破烂不堪，血水不停地往下淌。凶狠的敌人用沾了水的皮鞭猛抽张佐臣的肋骨，每抽一次就像是被毒蛇咬了一口一样，疼得钻心。敌人假装好意地问："只要你讲清楚你是干什么的，说自己是上了共产党的当，以后不再听共产党的话，回去好好召集厂里的工人老老实实上班，就立马放了你！"张佐臣低着头，一言不发，根本懒得搭理这些丧心病狂的歹徒。敌人见张佐臣如此坚决，怒火中烧，夹起在炭盆里烤得通红的烙铁，在张佐臣眼前晃了晃，恶狠狠地吼道："你可想清楚了，当共产党员是没有活路的。趁早把你知道的首脑给交代出来，将功赎罪，还可能放你一条生路。你年纪轻轻，一表人才，将来还可大有作为，何必像喝了迷魂汤一样，在一棵树上吊死呢？"张佐臣听得清楚，不由得冷笑了几声，心里知道多说无益，仍对着狱卒反驳："燕雀安知鸿鹄之志哉！你们这些人，为虎作伥，屠杀同胞，不得好死！早晚有一天，叫你们知道共产党的厉害。共产党人是不怕死的，来吧，你的手可别抖！哈哈！哈哈哈哈！"奚落完这些面目狰狞的恶棍，张佐臣仰天大笑，大义凛然。一旁的打手们见状，气得脸都发青了。"让你骂，让你骂……"他们纷纷抄起滚烫的烙铁，朝着张佐臣的全身刺了过去，其中一块印在了张佐臣的胸口上，张佐臣登时痛得晕了过去。

张佐臣虽关押在监狱仅短短两天，但每时每刻都在遭受毒打和虐待，身体已经被折磨得十分虚弱。他自知时日不多，必遭毒手，于是对同时被捕的另一同志低语："你是不要紧的，我是危险了，因为那个走狗当堂指认我们几个人是做什么工作的……但革命是会胜利的，你一定要坚持下去！"[1]

---

① 陈刚：《人民司法开拓者——梁柏台传》，中共党史出版社，2012，第 135 页。

革命是會胜利的，你一定要坚持下去！

在狱中张佐臣勉励狱友的话

面对威武不屈、视死如归的张佐臣，国民党反动派束手无策。这时，张佐臣的心中已经无所畏惧，正如郭沫若诗中所写的："我们的眼前一望都是白色，但是我们并不觉得恐怖。我们已经是视死如归，大踏步地走着我们的大路。要杀你们就尽管杀吧！"第三天，即 1927 年 7 月 1 日（农历六月初三），反动派对他下了毒手。

这一天，张佐臣和杨培生手脚上挂着铁链，缓步走出牢房。两个人内心坦然，双眼直视前方，从容地走向监狱后方专用的刑场。走在路上，张佐臣带头，和杨培生唱起了国际歌："起来……"雄浑的歌声飘荡在狱所的上空。还在牢房里的难友们听得此声，都潸然泪下，掩面而泣。监刑的反动军官见状，大声骂道："死到临头了还嘴硬，不许唱！给我闭上你的臭嘴！"一旁的狗腿子看老大发话，不由分说地上来要扇他们两个的耳光。张佐臣使尽全力，一脚猛踹在狱卒身上，把那人踢了个四脚朝天。"活该！"张佐臣凛然一笑。这下激怒了行刑的反动军警。监狱长气急败坏地喊道："不要用枪了，给我用刀砍，狠狠地砍！"刽子手们举起大刀，疯狂地朝着张佐臣和杨培生砍去。两个人一边高呼"共产党万岁"，一边对着恼羞成怒的敌人骂不绝口。最后，两个高大的身躯轰然倒下了。他们牺牲的这一天，正好是后来被定为中国共产党成立的日子，"七一"建党节。

7月3日（农历六月初五），上海总工会的同志终于找到了张佐臣等人的遗体，并定于7月4日在湖州会馆为他们举行追悼会。湖州会馆曾经是上海工人第三次武装起义的闸北分指挥部，起义胜利后，上海总工会也迁入此地。有同志前往悼念，望着遗体无不落泪。从6月29日下午3时被捕，到7月1日下午被杀害，只有短短3天时间，张佐臣已经被国民党特务打得遍体鳞伤，不但被皮鞭抽，而且被烙铁烫，全身没有一块好皮肉。

在此处举行追悼会的目的之一就是缅怀张佐臣在工人运动中的卓越贡献。湖州会馆里的与会同志痛哭不已。有一位姓许的女同志也来参加追悼会，她是张佐臣的秘书，与张佐臣有着深厚的革命情谊。想到曾和张佐臣并肩作战的日子，她哭得越发伤心了。与会同志宽慰许秘书："要化悲痛为力量，佐臣未了的工作，你去替他完成，这是最好的安慰。"

年仅21岁的张佐臣永远地离开了我们。他的生命虽然短暂，却如闪电般耀亮，照亮了当时黑暗的天空，在中国工人运动史上留下了深刻的印记。他是为工人据理力争的斗士，是开办工人学校、发展党员入党的张大哥，是善于组织领导、勇于挺身而出的播火者，是临危不惧、视死如归的英雄楷模。他的光辉事迹永远镌刻在党一路走来的里程碑上，不断给予我们力量。他的理想信念不灭，他的精神信仰永存。正如同志们所说，对他最好的致敬，莫过于继承他未完成的事业，怀着和先烈一样的热血与激情，昂首阔步地奔赴新的伟大征程。

十九、志同道合结伴侣

张佐臣短暂而革命的一生中，除了经受了腥风血雨的考验，也遇到了一位与自己惺惺相惜、志同道合的革命伴侣。他在上海大康纱厂做工期间，结识了一名女工，周月林。他们共同在进德会中学习。相仿的年龄、相近的出生地和共同的信仰，使得他们的心灵慢慢靠近，并迅速坠入爱河，结为夫妇。

1906 年 12 月 27 日，周月林出生在上海浦东棚户区一间破旧低矮的小屋里。由于家境贫寒，4 岁时，小周月林便被父母送到了鄞县外婆家寄养。[①]巧的是，在周月林出生的那一年，

---

① 陈刚主编《走近周月林》，中国文联出版社，2007，第 4 页。

张佐臣也呱呱坠地①，两人的缘分似乎早已注定。

周月林

1915 年，9 岁的周月林被父母领回上海，父亲送她进了一家纱厂做拣纱工，开始了苦难的童工生涯。13 岁当摇纱工，17 岁进入日本人在杨树浦新开的大康纱厂做工。②此时，张佐臣已在大康纱厂工作了 3 年，周月林被分配到和他同一个细纱车间做工③，此刻，便是两个年轻人生命轨迹交汇的开端。周月林在大康纱厂做工期间，备受压迫和剥削，身体劳累透支，精神饱受摧残。纱厂工人全年的工作时间为 300—350 天，一天工作时间起码为 12 个小时，分日夜两班，完全成了机器的奴隶。同时，厂里工资待遇极低，长时间高强度的劳动付出并没有换来对等的工资待遇，每天工资只有 1 角至 2 角。而且，日商经常虐待中国工人，打骂是常有的事。有一次，

---

① 南湖革命纪念馆编《初心永在——嘉兴英烈谱》，浙江大学出版社，2021。

② 陈刚：《人民司法开拓者——梁柏台传》，中共党史出版社，2012，第 133 页。

③ 陈刚主编《走近周月林》，中国文联出版社，2007，第 11 页。

夜已深，她实在撑不住了，便把车关掉，躺在车底下睡了一会。谁知东洋老板和监工头从边门悄悄进来，监工头一把抓住了她露在外面的辫子，用力将躺在车底的她拖了出来，开始用皮鞭没头没脑地抽。瘦小的她在地上滚来滚去，东洋人却在一旁大笑，毫无人性。①每日放工后，迈着沉重步伐走到厂门口的工人们还要遭受日商的搜身检查，从头到脚，袋子里、裤腰上都要被摸得清清楚楚才能被放出门，小姑娘经常被弄得满脸羞红。在这里，工人们的人身自由受到严重限制，尊严受到极大侮辱。面对日商的虐待与剥削，在同一个车间做工、身世相近的张佐臣和周月林成了相互倾诉的对象，他们在一次次的交谈中相互鼓励，给予对方反抗的勇气。随着共同话题越来越多，两位年轻人的心中不知不觉地埋下了爱情的种子。

纱厂童工聚在门口等待进厂做工

1924 年 5 月，党组织为了领导纱厂工人进行反帝反剥削斗争，在小沙渡路成立了沪西工友俱乐部，又在杨树浦眉公路办起了沪东

---

① 陈刚主编《走近周月林》，中国文联出版社，2007，第 6 页。

工人进德会。①进德会的成立，让饱受压迫的张佐臣和周月林看到了重获新生的希望。进德会成了他们共同的精神家园，他们经常一起参加进德会的系列学习活动。在进德会，张佐臣能轻松顺畅地阅读进步书刊，并领悟书刊中的进步思想。周月林也渴望能从进步书刊中学习到进步思想，但因为不识字，她常常会陷入迷茫。这时，张佐臣总会很耐心地教她识字，给她解读书本中的共产主义思想。在张佐臣的耐心教导下，周月林开始识字，渐渐地可以磕磕绊绊地阅读，最后甚至能发表独立见解，文化水平获得了巨大提高。刚满18岁的周月林在夜校学习期间从来不喊苦、不怕累，她刻苦勤奋的品质深深吸引着张佐臣。尽管平日里车间工作环境恶劣，身心遭受折磨，但通过在进德会的学习，他们的思想得到了迅速进步，同时也建立了深厚的革命情谊。他们彼此鼓舞，共同进步，两位优秀的进步青年更加坚定地携手走上了革命道路。

1925年2月2日，沪西内外棉八厂的日本领班蓄意制造事端，趁机将50名男工开除，接着日本资本家勾结巡捕房又抓走了6名带头的工人。②厂方蛮横无理的行为激起了工人的怒火，为了表示抗议，工人们开始罢工示威，张佐臣也带领大康纱厂的工人在沪东发起了支援沪西纱厂工人罢工的斗争。在这场罢工运动中，共计有22家纱厂的3.5万多名工人参与进来，运动前后进行了将近1个月，最终以工人的胜利宣告结束。

---

① 陈刚主编《走近周月林》，中国文联出版社，2007，第7页。
② 朱华、苏智粱：《二月罢工始末》，《上海档案》1985年第3期。

二月同盟罢工后内外棉纱厂工人复工大会合影

在张佐臣的带领下，周月林也积极参与了这次大罢工运动。在罢工运动中，周月林勇敢地走到了罢工前线，积极组织女子纠察队，和男工们一起把"口子"、拦摆渡，维持现场秩序，勇敢地站在斗争的前列。①面对日本资本主义爪牙的威胁与迫害，周月林从未有过丝毫的妥协与退缩，相反，她表现出了强烈的阶级觉醒和坚忍的反抗斗争精神，这使得张佐臣对周月林的欣赏与爱慕之情愈加坚定。因为有了周月林的加入和陪伴，张佐臣在革命斗争中更加坚强，更积极地开展革命事业。

张佐臣在大康纱厂组织成立工会，向厂内外工人散发大罢工传单。②周月林积极贡献自己的想法，帮助修改了传单里的语句，使其既包含了男女工人共同的痛苦，又深刻地揭露了日本资本家剥削压迫工人的种种罪行，语言通俗易懂，在工人中引起了强烈共鸣。

① 陈刚主编《走近周月林》，中国文联出版社，2007，第10页。

② 中共上海市委党史研究室、龙华烈士纪念馆编，沈洁著《张佐臣画传》，上海人民出版社，2021，第12页。

即使是日商的逮捕、威胁、镇压，也没能动摇工人反帝反剥削的斗争决心，反而让原本有些害怕的女工友们坚定了起来。她们由周月林带领，在工人宿舍区、居住区悄悄散发着传单。在严峻的罢工形势下，日商被迫与工人进行谈判，张佐臣被推选为上海日商纱厂6名工人代表之一，并出面参加谈判。尽管谈判结果是日商最终未完全答应工人们的全部条件，但这次罢工有力地打击了帝国主义的反动气焰，为工人争到了人格。在浩浩荡荡的工人罢工运动中，周月林第一次看到了工人团结斗争的力量。同时，张佐臣在这次大罢工中的突出表现也让周月林眼前一亮，她没想到和自己同岁的张佐臣会有如此敏锐的眼光、如此卓越的工人宣教才能、如此出众的组织智慧。在一同开展革命的过程中，他们两个的思想不断进步，见识不断增长，能力不断提升。同时，周月林也不知不觉地深深爱上了这位拥有独立思想、不愿随波逐流的有志青年。在夜色沉沉的中国社会中，面对尚不明朗的未来，两人因有了彼此的陪伴而变得不再迷茫。同时，他们更确立了用自己的微光冲破黑夜、拥抱光明的坚定信念。

1925年5月15日，上海日商内外棉七厂的资本家无故开枪打死了顾正红，打伤工人10余人，激起了全市人民的怒火。从6月1日起，上海全市开始了声势浩大的反对帝国主义的总罢工、总罢课、总罢市。在中国共产党的领导和推动下，全国各地相继通过举行示威游行来支援上海，掀起了轰轰烈烈的反帝五卅运动。

张佐臣和周月林这对革命伴侣积极地投身于五卅运动之中。顾正红不幸牺牲后，张佐臣担任起上海日商纱厂工会联合会主任兼募捐主任之职，并以大无畏的革命精神参与宣传与募捐活动。随后，在上海总工会的领导下，张佐臣创办了工人夜校，提高工人积极分子的阶级觉悟，并把表现优秀者吸收到了党组织中来，壮大队伍。无论面对多大的危险与困难，张佐臣始终坚定崇高的革命信念，这一点深深感染和影响着周月林。有了参与二月同盟罢工的经验，周月林在五卅运动中更为果决勇敢，既冲锋在前，又组织人手保障后勤。因为表现优秀，周月林经张琴秋介绍加入了中国共产党。①8月20日，上海纱厂总工会成立，张佐臣任主要负责人之一（委员长），周月林任上海纱厂总工会沪西指导员，两人相互鼓励，互扶互持，共赴革命。

五卅运动纱厂工人纠察队部分合影

① 陈刚主编《走近周月林》，中国文联出版社，2007，第11页。

这对年轻的革命伴侣开展革命运动的过程，便是中国人民揭露帝国主义蛮横暴行、自我觉醒进行反帝争独立的时代缩影。对于底层的中国工人们来说，他们缺乏教育，思想还未完全觉醒，这就需要更多像周月林、张佐臣这样的年轻人深入工人队伍中宣传无产阶级思想，促进中国工人阶级思想大解放，反对帝国主义，最终实现民族独立。因拥有共同的革命追求和革命信仰，张佐臣和周月林的感情在共同的革命斗争中不断升温，最终步入婚姻殿堂。婚后，他们居住在大康纱厂附近，继续投身于伟大的革命事业之中。

如同其他新婚夫妻一样，周月林和张佐臣渴望每天都能陪伴彼此，过上简单又平静的幸福生活。但在动荡年代，他们早已不奢望能天长地久，因此，他们更加珍惜能拥有彼此的时光。1926年4月，对张佐臣和周月林来说，是充满幸福喜悦的特殊月份。因为在这个月，周月林得知自己怀孕了，这不仅是她和张佐臣爱情的结晶，也是革命事业延续的希望。张佐臣即将成为父亲，内心的喜悦溢于言表，但因繁忙的革命工作，他无法全身心地照顾怀孕的周月林，只能在工作外尽力挤出时间。为此，张佐臣心里深感愧疚。但周月林安慰他道："怕什么，工厂里那么苦都熬得下来，你只管做你的去。况且现在肚子还没大，我还要帮你继续干哩。"

1926年5月，周月林作为上海的30名代表之一，在张佐臣的陪伴下出席了广州召开的全国第三次劳动大会。全国第三次劳动大会是在工农革命运动日益高涨、国民革命军积极准备出师北伐之际召开的一次重要会议，也是周月林和张佐臣婚后一同出席的一次重大会议。在这次会议中，张佐臣再次当选为中华全国总工会执行委员。周月林自然很为张佐臣高兴，同时她也意识到了丈夫身上所担负的责任和使命。

1926 年 8 月，张佐臣任曹家渡上海总工会代表，周月林任中共曹家渡部委妇女部长。尽管夫妻俩工作很忙碌，但一起谈论革命发展趋势、解决难题、一起摸着肚子相视一笑的那段时光，也许是两个人一生中最幸福、最甜蜜的时刻。

在北伐战争胜利进行、革命形势高涨之际，中共上海区委综合分析后认为，无锡虽有一定的工农运动基础，但其革命力量还很薄弱，于是决定委派张佐臣到无锡开展工人工作。9 月，张佐臣与妻子依依惜别，离开上海来到无锡。他以技术工的身份，不断深入工厂，向工人宣传革命思想，鼓励工人起来斗争。在张佐臣的带领下，无锡的党组织得到了迅速发展。而此时，周月林被党组织调到上海总工会做保密工作，在总工会代委员长何松林的领导下准备进行第一次武装起义。周月林的任务是负责管理秘密文件和枪支，必要时直接将文件和枪支送到指定地点。[①]尽管此时周月林已怀有身孕，但她并未有丝毫懈怠，总能用睿智的头脑和迅捷的行动摆脱敌人的监视，顺利完成组织交代的任务。

为了革命事业，新婚不久的张佐臣和周月林便分居两地。尽管他们心中有万般不舍，但每每想到还有成千上万的工人正遭受着帝

---

① 陈刚主编《走近周月林》，中国文联出版社，2007，第 13 页。

国主义的剥削，这种不舍就不知不觉地转化为革命动力。虽然两人不在一起，但他们并不孤独，因为他们的心始终连在一起，永远并肩作战。他们始终相信，黑暗是短暂的，黎明总会到来，革命终将成功。或许待工人获得解放、北伐战争胜利之时，他们会在一个阳光明媚的日子重逢，他们会和孩子们骄傲地讲述这段光荣的革命历程……有了这份对重逢的期待，虽然两人在分开的日子里饱尝相思之苦，但他们心中依然感到很甜蜜。

1926年10月，上海第一次工人武装起义失败，周月林的身份不慎暴露。紧急情况下，总工会委员长何松林决定将她秘密送到苏联，既可避难又能留学深造。不久，周月林化名为王月梅，与徐大妹一同坐船到达海参崴，进入海参崴党校中国班学习。此时，张佐臣也离开了工厂，转入无锡地区党的据点，在严朴创办的江苏中学任教，以教师身份做掩护，开展以无锡为中心向四周推进的工农运动。在张佐臣的带领下，无锡的革命力量得到了迅速发展。1927年1月，无锡总工会成立，张佐臣担任总工会秘书，亲自组建了无锡工人纠察队。3月，张佐臣以总工会秘书之职公开领导工人运动，在张佐臣的推动下，总工会的队伍不断壮大，威信不断提高，成为当时无锡工人运动的指挥和活动中心。①就这样，夫妻俩一个前往无锡，一个赶赴苏联，山高水远，音信难继。

刚到苏联的周月林，面对迥然不同的自然风貌、语言环境、文

---

① 中共上海市委党史研究室、龙华烈士纪念馆编，沈洁著《张佐臣画传》，上海人民出版社，2021，第67页。

化传统，孤独感油然而生。在海参崴党校中国班学习初期，周月林常常难以专注地学习俄语和文化知识，她的思绪会不受控制地飘到万里之外的丈夫张佐臣那里。望着窗外，一抹暖阳正照耀着窗台。周月林不由得畅想，如果能和丈夫一同来苏联学习该有多好啊！可是由于革命形势的严峻性，周月林还没能好好跟丈夫告别，就紧急来到了苏联。周月林十分担心丈夫的安危，她迫切地想知道孤身一人前往无锡开展革命工作的张佐臣是否一切顺利，作息饮食是否规律。好在有腹中孩子的陪伴，不然漫漫长夜，周月林根本无法入睡。此时，张佐臣同样心系妻子周月林，他多么想大声告诉妻子，在党组织和全体革命同仁的共同努力下，无锡革命力量不断壮大，一切工作开展得都很顺利，希望在异国的周月林别为他担忧。同时，他也希望怀有身孕的妻子能在异国他乡好好照顾自己，即便没有他的陪伴，也要按时休息、按时吃饭，保持好心情。他心里想着：革命胜利的曙光已经出现，待北伐战争胜利，我们便会真正团圆，我们一家三口会永远相守在一起。

革命的夫妻注定不能经常相依相伴。为了理想和信念，两人不但聚少离多，而且自 1926 年秋起，便天各一方，成为永别。张佐臣直到牺牲前，都未能见到妻子的最后一面，令人扼腕叹息。

1927 年初，正当革命运动蓬勃发展之际，国民党右派的反动面目却日益暴露。无锡的国民党反动派不断挑衅，革命形势瞬息万变。张佐臣立即召开会议，号召全体党员提高警惕，随时准备应对突发事件。①4 月 12 日，蒋介石发动了"四一二"反革命政变，直接架起机枪扫射手无寸铁的革命群众，逮捕、屠杀了大量共产党人，并疯狂镇压革命运动。"四一二"反革命政变后，无锡革命形势危急复杂。张佐臣安排好无锡革命力量的隐蔽工作后，便迅速启程回上海，向党组织请示应变措施。当时，上海正处在血雨腥风的白色恐怖之中，革命形势也同样危急复杂。党组织商议后，决定将张佐臣留在上海，着手恢复和重建上海总工会，领导上海工人群众开展反抗斗争。不幸的是，敌人早已紧紧盯住了所有进步的工会组织。1927 年 6 月 29 日，正在上海总工会秘密会址开会的张佐臣和上海总工会副委员长杨培生不幸被反动派逮捕。仅两日后，张佐臣就被残忍杀害，牺牲时年仅 21 岁。②

在狱中，张佐臣受尽了敌人的折磨，但始终顽强不屈、镇定自若，为了保护工友，他甚至自己担下了所有的事情。张佐臣不怕死，也不后悔参加革命，因为他相信革命总会成功，只是走向成功的道路上总会有人牺牲，他庆幸的是，牺牲的是他自己，而不是他那可爱的工友们。但在临刑前，硬汉张佐臣突然哽咽了，因为他放不下他心爱的妻子，他怕牺牲后在异国他乡的妻子为他伤心难过。于是托难友带给她口信："我准备豁出去了，把一切揽下来，以保护一起被捕的难友。你不要为我守节了，请找一个革命同志做伴侣

---

① 中共嘉兴市委党史研究室、嘉兴市档案局编《南湖英烈》，中共党史出版社，2016，第 4 页。
② 中共嘉兴市委党史研究室、嘉兴市档案局编《南湖英烈》，中共党史出版社，2016，第 5 页。

吧。"①从这封信可以看出，张佐臣不想年轻的妻子为他孤独一生守贞节，希望妻子的余生有志同道合的人温暖陪伴。尽管未来陪在妻子身边的不是他，虽会觉得有些遗憾，但只要妻子幸福便足够了。张佐臣去世的消息几经波折，终于传到了周月林那里，此时她和张佐臣的女儿还不到半岁。望着年幼的女儿，周月林失控了，眼泪止不住地往下流，因为她无法接受她深爱着的丈夫就这样离开了她的事实，也对这充满黑暗的旧社会感到厌恶与愤恨。但悲伤数日后，周月林重新振作了起来，因为她不仅要抚养年幼的女儿，还要完成丈夫未竟的革命事业。她开始积极阅读革命书籍，学习革命知识，积累革命力量，希望有一天这乱世能够结束，也希望九泉之下的丈夫能够安息。

党组织知道周月林的不幸后，高度重视其个人问题。在党组织的关照下，同为浙江宁绍人的梁柏台和周月林最后走到了一起。梁柏台视周月林与张佐臣的女儿如己出，取俄文名为伊斯克拉，意为"火星"，取"星火燎原"之意，是希望女儿做革命火种的意思②，又取中文名为忆霞。

---

① 陈刚：《人民司法开拓者——梁柏台传》，中共党史出版社，2012，第135页。
② 陈刚主编《走近周月林》，中国文联出版社，2007，第25页。

张佐臣与周月林之女忆霞（右）和其同母异父的弟弟伟烈的合影

1937 年国际儿童院高年级女生合影
前排左一为张佐臣女儿忆霞

二十、烈火锻造革命情

　　除了周月林这位革命伴侣，张佐臣一生中
还有幸结识了一位在革命的血与火中始终携手
的好友。在上海领导工人运动的时候，张佐
臣认识了一位比他年长20多岁的工人老大哥，
这位老大哥就是当时祥生铁厂的钳工领班杨培
生。他为人正直，乐于助人，渴求进步。他们
相识于五卅运动，在张佐臣的一场演讲中，杨
培生被张佐臣的讲话所深深吸引，对张佐臣的
才能十分欣赏和钦佩。后来，在张佐臣的革命
生涯中，这位老大哥一直陪伴着他。对张佐臣
来说，杨培生亦师亦友，相同而坚定的信仰使
得他们在生命的最后一刻，面对敌人的屠刀，
慷慨携手赴死，这种烈火锻造的革命情谊，令

人感动且敬佩。

1925 年 5 月 15 日，内外棉纱厂的工人顾正红惨遭日商资本家枪杀后，发生了震惊中外的五卅惨案。

《血潮图画增刊》报道五卅惨案

惨案发生的当晚，中共中央召开紧急会议，决定进一步扩大反帝运动，发动上海民众罢工、罢市、罢课。接到中央的指示后，时任上海总工会筹备董事的张佐臣马上找到李立三，说道："委员长，帝国主义反动派欺人太甚啊，我们要行动起来，我们要反抗！""烈士的血不能白流，中国共产党要为死难的工友做主，为千千万万个同胞做主。我提议，总工会掀起一场比'二月同盟罢工'还要大的罢工斗争浪潮！"李立三激动地拍了拍张佐臣的肩膀，说道："咱俩想到一块去了，党组织已经在考虑进行一场以上海为中心、波及全国的大型反资罢工、示威游行。你来得正好，我们可以合计合计，商量一下你在纱厂工人中可以采取的措施。"围绕着这一中心任务，上海总工会明确了组织体制，张佐臣担任宣传科副主任，主要负责工会的宣传和教育事项，同时担任"顾正红事件"的募捐主任。于是，张佐臣开始在工人中间奔走、演讲，掀起了一波又一波罢工斗争的浪潮。

淞沪战役中被日本侵略者炸毁的宝山里上海总工会遗址

五卅惨案后，罢工罢课游行屡屡受挫，群众信心急需鼓舞。6月6日，张佐臣从黄浦江西岸码头乘上渡轮。在浦东上岸后，他瞅准方向，向着西北方向的吴家厅匆匆赶去。浦东吴家厅①已经是人山人海，包括祥生铁厂工人在内的各厂工人，足有4000余人聚集在一起。大家都围坐在空旷的草地上，静静听着张佐臣讲话。张佐臣个子高瘦，平时说话不多，但是开大会说起话来声音却十分洪亮，即使是远处的工人也能听得清清楚楚。"工人兄弟们，工厂里

① 《黄浦区志》记载，"吴家厅属片区名，大致范围为现在的浦东大道以北，浦东男女路以东，即墨路以西"。当时工人集会多于吴家厅刘公庙，此处不明。

的那些帝国主义资本家、那些残暴的拿摩温①，天天打我们、饿我们、骑在我们头上作威作福。我们没日没夜地干都吃不饱饭，而他们住着洋房，开着小汽车。"我们要团结起来，不分帮派，不分车间，不分男女，我们要起来抗争，叫那些资本家给我们加工资，不许再欺侮我们！"张佐臣的话句句说进了在场工人的心坎里，像一块磁石，吸引着工人紧紧团结在他周围。此时，在台下的工人中静静地坐着一位40岁左右的中年男子，身材瘦削，皮肤黝黑，眼睛却炯炯有神，正聚精会神地聆听着张佐臣的讲话，他就是杨培生。

杨培生

　　杨培生，1883年出生于江苏省川沙县（今上海市浦东新区），父亲是1884年的老秀才，平时以办私塾为业，杨培生自幼在父亲私塾读书，精通文墨，并写得一手好字。1906年左右，杨培生在

---

① "拿摩温"是英文Number One的谐音，意即"第一号"。旧上海英国纱厂车间里的工头，一般编号都是第一（No.1），于是它就被创造性地翻译成了拿摩温，传播到了各个纱厂，成了旧中国工厂中工头的别称。

上海启昌机器厂当学徒，经过七八年的锻炼，他已经成长为一名熟练的钳工师傅。由于启昌机器厂遭遇火灾后大肆裁退工人，杨培生以良好的技术进入浦东祥生铁厂工作，这家铁厂经营船舶修造业务。在这里，杨培生凭着娴熟的技术被厂方提升为钳工领班，俗称"工头"，有了一份较为稳定的收入。虽然相较于普通工人，他地位较高，但他为人正直、老成稳重，从不欺压工友，反而经常热心帮助、保护一些刚进厂的老实工人。于是，他很快得到了工友们的信任，成为工人中的老大哥。

张佐臣的讲话给了杨培生极大的触动，让这位40多岁的老大哥从心底升起了对这位20岁左右的小青年的钦佩之情。

次日，祥生铁厂2000余名工人在杨培生的带领下再一次英勇地站了出来，向资本家发出抗争的怒吼。在张佐臣的号召下，杨培生不仅带领祥生铁厂的工人同全上海工人一起坚持罢工，还通过各种途径联系附近英美烟厂、日华纱厂等工厂的工人共同开展斗争，同时还积极走进学校去募捐。

这不是杨培生第一次组织工人罢工了。自1914年进入祥生铁厂做工以来，杨培生就凭借自己高超的钳工技术和出色的为人处世本领赢得了工友们的信任，成了工人中的老大哥。1919年6月，"五四"的浪潮传到上海，杨培生和他的工友们义愤填膺，热血为民族和国家而沸腾。他们积极响应同盟罢工，要求厂里的大班发电报给北京市人民政府，提出释放被押的学生，惩办曹汝霖、陆宗舆等卖国贼。1925年2月，在二月同盟罢工中，杨培生就曾鼓励祥生铁厂的工人实行罢工，声援纱厂工人。

随着工人们的民族精神和爱国意识的逐渐觉醒，工人运动发展到了新的阶段。1925 年 6 月 11 日，上海总工会在机关报《上海总工会日刊》创刊号上登出《快快组织工会》的通告，并派出人员分头到罢工工人中间，具体指导工会的建立工作。张佐臣、杨之华等人受上海总工会委派，到浦东组织浦东罢工委员会，张佐臣担任浦东罢工委员会办事处[后改为上海总工会第三（浦东）办事处①]主任。在浦东负责接应张佐臣、杨之华的人，正是祥生铁厂的钳工领班杨培生。张佐臣走进了浦东祥生铁厂，向工人打听杨培生。接到工人的消息，杨培生立马跑了出去，隔着老远他就看到了那位眼睛灼亮的"老熟人"。

"您就是杨师傅吧，我姓张，叫佐臣。"张佐臣老远就伸过来一双大手，杨培生急忙伸出双手握住："你就是张主任，我们都听过你的演讲哩。"周围的工人们都簇拥过来，你一言我一语地给张佐臣做介绍。"工人弟兄们的热情都很高，杨师傅你们做得很好。但是光凭自己的力量是不够的，咱们得组织起来，建立咱们自己的工会。工会是炮台，把炮台坚固地建立起来，才能打倒资本家。"工人们听后纷纷说道："张主任真是说出了大家的心里话，心齐才能使劲，拉船还要喊号子呢。我们也要成立工会，有个领头的就好

---

① 根据上海总工会记录，上海总工会于 1925 年 6 月 19 日发出通告设立办事处，张佐臣被任命为曹家渡（第五）办事处主任，但这与张在浦东的工作不尽相符，故此处采信浦东（第三）办事处主任的说法。

办啦。"

次日，在张佐臣的指导下，杨培生就与上海总工会的同志一起在祥生铁厂门口，搭台演讲、散发传单、书写标语、张贴漫画，向工友们宣传反帝罢工的道理。工人们听完演讲后七嘴八舌地对杨培生说："总工会的干部说出了大家的心里话，人多心齐力量大。鸟无头不飞，我们也应该成立工会，领着大家与那些资本家做斗争。""对的对的，我们没有工会的领导和组织，好比八个瓶子七个盖，盖来盖去盖不齐。"一连几天，工厂门口围满了工友。这时，杨培生觉得成立工会的条件已经成熟，就与厂里另外几个积极分子杨鸣皋、徐敏畅等商量，在浦东五福弄三德里租一间房子，并与工友们一起布置好桌椅。几天后，祥生铁厂工会成立。当天，工会门口挂出一块白布，上面用红字写着"祥生铁厂工会"[1]。由于杨培生在工人中素有威望，且工作极为负责，祥生铁厂工会成立后，他就被推选为工会第一任会长，领导祥生铁厂工会响应上海总工会的罢工斗争。他还主动联系日华纱厂、英美烟厂，帮助张佐臣设立上海总工会浦东办事处。

值得一提的是，此时的张佐臣年方 19 岁，杨培生 42 岁，而此刻仅仅是这对忘年交生死革命情谊的开始。

1925 年 7 月的一个月里，全国就有北京、汉口、重庆、南京、

---

[1] 据 1925 年 8 月上海总工会组织科统计，7 月上海总工会所属工会中，祥生铁厂工会共有会员 2501 人，会长为郭元泰。据上海地方志办公室电子书数据库：https://www.shtong.gov.cn/difangzhi-front/book/detailNew?oneId=1&bookId=4471&parentNodeId=56124&nodeId=42633&type=-1。

杭州、广州等 600 个城镇 1700 余万群众参加示威、游行、罢工、罢课、罢市以及通电、捐款、支援上海的反帝斗争。国际工人阶级也以各种方式表示支援。工人运动由上海开始，在全国掀起了巨大的浪潮。祥生铁厂的工人们也概不例外，在新成立工会的领导下，他们走上街头，参与集会，为反抗帝国主义的压迫贡献自己的力量。

左：五卅运动中，天津学生乘车讲演；右：武汉学生游行示威的报道

由于工会代表广大工人阶级的愿望和利益，领导工人开展反帝反封建斗争，帝国主义、军阀政府和买办资产阶级对其极为恐惧和仇视，想尽办法破坏工人运动。对此，张佐臣仔细叮嘱杨培生等工会骨干："现在的局势不好，那些巡捕走狗们在到处抓人。我们反抗压迫搞斗争，也要讲究策略。你们可以分头组成几个小组，组织

工人纠察队。①大家提高警惕，防止敌人钻空子搞破坏。"听了张佐臣的话，杨培生等人立刻行动起来。他们立即进行分工，连夜到工人家里拜访，物色了一批工会积极分子。第二天，杨培生将工人名字登记入册，并按照不同工种，把工人们以 10 人为一组，分别选出小组长。同时，他成立了一个工人纠察总队，下辖 3 个小队。从此，工会组织严密了，纠察队也活跃起来了。

祥生铁厂的工会工作如火如荼。在杨培生等人的影响下，和丰船厂、董家渡船坞、恒昌祥铁厂等一批工厂纷纷建立工会，而这些工会均由祥生铁厂工会负责领导。张佐臣对杨培生等人取得的成果感到十分高兴，经常与他们讨论工作，并逐渐向他们宣传马克思主义思想，常带些党内刊物和宣传品给他们阅读，宣讲党的理论与信仰，杨培生等人也自觉地加强了与党的联系。

有一次，杨培生与祥生船厂的工会干部从外面回到工会办公地点，正围在一起谈论罢工的事，张佐臣夹着一些书报走到工会楼上，杨培生马上向他汇报前一阶段的工作。张佐臣平时沉默寡言，不喜欢谈论生活琐事，可是一聊到闹革命的大事，就浑身是劲。他用力拍拍杨培生的肩膀，大声称赞道："你们做得很好，太好了，反对帝国主义的斗争，队伍越扩大就越有力量。工会越多力量越大，我们就谁也不怕！"他太激动了，一时间气喘连连，感到有些

---

① 此处张佐臣在学习上海总工会建立工人武装纠察队的做法。1925 年，根据中共上海区委的要求，上海总工会组织建立工人武装纠察队，内设总指挥部，下设区队、大队、中队和小队，主要任务是保护工会，维持社会秩序，防止反动派扰乱，这是上海工人三次武装起义的骨干力量。（引自龙新民主编《中国共产党历史重要事件辞典》，中共党史出版社、党建读物出版社，2019。）

难受，但他毫不在意，仍全心全意给大家指导工作，为工人阶级服务。他跟大家说，一定要坚持罢工，注意防止内奸破坏，并且还要募捐、搭台演戏、开办工人夜校，进一步揭露帝国主义的嘴脸，既要吃饱肚子，也要擦亮眼睛。

临走前，张佐臣放下了几本书和杂志，说："这是马克思写的书，这是《向导》周报，我们革命工人都得好好读读，可不要借给别人。"说完便匆匆赶去上海总工会汇报工作了。

《向导》周报

杨培生看着张佐臣的背影，赞不绝口："我长到40多岁，还是第一次碰见这样的人。你看，他一不为钱，二不为名，成天冒着危险，为革命奔赴，为工人情况发声，真是好样的！"他又若有所悟地说，"听说他是共产党员呢……跟着这样的人走，永远不会吃亏，永远不会走上歪路的！"

在张佐臣的熏陶下，又经过实际工作的锻炼，杨培生的政治觉悟、工作作风、领导方法渐趋成熟。在张佐臣面前，杨培生丝毫没有长者的架子，主动向张佐臣学习革命理论，诉说自己的学习理解。张佐臣也通过不断谈心，决定发展杨培生入党。他教杨培生等人唱国际歌，杨培生他们很兴奋，仔细品味里面的歌词，唱了一遍又一遍，越唱越激动，越唱越有劲。这首歌杨培生很快就学会了，他体验着一种过去从未有过的情感，也憧憬着成为像张佐臣这样的共产党员。

几天后，张佐臣郑重地找到杨培生："杨师傅，帝国主义的力量还很强大，我们要做好长期斗争的准备，组织工会仅仅是第一步，后面还有很多重要的工作需要我们去做。中国共产党是中国工人阶级的先锋队，只有在共产党的领导下，我们才能坚持斗争下去。"听完张佐臣的话，杨培生毫不犹豫地说："我要加入中国共产党，我要为工人兄弟们做事。虽然现在洋人把共产党看成眼中钉，军阀骂共产党是乱党，但是共产党为我们工人群众办的事情就是好。即使要砍我的脑袋，我也要参加共产党。"就在谈话后不久的一个晚上，杨培生按照和张佐臣的约定，穿过祥生铁厂边的竹篱笆，来到外面的荒地上，庄重的入党仪式在这里举行了。于是，在张佐臣的介绍下，杨培生成了一名光荣的共产党员。

1925 年 8 月，张佐臣担任中共上海（江浙）区委候补委员，分管群众工作。在领导工人运动的实际工作中，张佐臣愈发感受到看书识字的重要性。为了让更多工人得到接受教育的机会，进一步提升工人的阶级意识和思想觉悟，帮助那些颇有行业帮会气息的工厂工会逐渐摆脱陋规，张佐臣决心开办更多的平民学校。但是，一个方便工人来往又隐蔽的学习场所并不好找，于是，张佐臣想到了杨培生。杨培生对开办夜校非常赞同，他和张佐臣说，不光祥生铁厂，周围好几个工厂的工人都想学习识字，他们都会自己拿着布告回来请教先生。至于房子和桌椅，工会来想办法。

在杨培生的大力支持下，工会成员们在厂区里传递着学校开办的好消息。许多学员经过学校的教育，识了字，提高了觉悟，逐渐成为工会的活跃分子。他们中有不少人参加了沪东工人纠察队，成为上海工人 3 次武装起义中的骨干，成为点燃一片燎原火海的火种。

1926 年 9 月，张佐臣受党派遣调至无锡工作。而杨培生，在入党之后，一直驻沪工作，他组织罢工，发展党组织，为上海的工运事业殚精竭虑。1925 年 9 月，杨培生根据上海总工会的指示，参与筹建上海铁厂总工会，被选举为委员。1926 年 12 月，浦东分部召开党员大会，杨培生当选为中共浦东部委委员，任组织部主任，负责组织祥生铁厂区分部。此时正值上海工人第一次武装起义失败的低潮期，军阀当局屡屡逮捕工会成员和中共党员，一些人由此畏怕不前，工会成员、入会人员数量减少，各种活动气氛逐渐低迷，部分动摇的工人党员脱党，党员数量也减少了。

在这样险恶的环境下，杨培生仍积极进行党和工会的组织发展工作，组织了纠察队、自卫军、济难会，通过妇女运动、青年运动，推销党内书报，经过他的工作，浦东党员队伍从 260 名增加到 320 名，浦东基层支部增加了和丰铁厂、南洋烟厂、小驳轮 3 个支部，支部数量达到 11 个。1927 年 2 月，杨培生任中共上海区委候补委员，参与组织全市总同盟罢工和上海工人第二次武装起义。1927 年 3 月中共上海区委主席团会议决定，由汪寿华任上海总工会委员长，杨培生任副委员长。由于革命需要，张佐臣与杨培生两位老朋友已经很久没有见面了，他们各自在不同的地方为革命事业呕心沥血。他们相信，下一次见面时，必是北伐战争胜利、革命成功之时。但他们谁都没有想到，他们再次重逢时，竟伴随着淋漓的鲜血。

"四一二"反革命政变后，无锡的国民党反动势力抢先下手，张佐臣等共产党人被悬赏通缉。回沪向上海党组织报告请示完的张佐臣，终于又一次见到了老朋友杨培生。两人一见面就紧紧地拥抱在一起。

"好，好，活着回来就好。"杨培生双手紧紧握着张佐臣的手，看着许久不见就变得如此憔悴的小张主任，杨培生一时百感交集，"无锡那边一定也很难吧？"

张佐臣的眼眶湿润了："是啊，老杨，打击太大了，太沉重了，国民党那帮狗东西，我真想拿着枪冲上去就为同志们报仇。"

"有党在呢，在党的领导下，我们一定能够为死难的工友们、同志们报仇的，如果无锡那边安顿好了，请你一定要留下来帮助我们。"

"放心吧老杨，无锡那边我已经安排妥当了，我就要在上海，跟那帮狗杂种斗到底！让他们看看，共产党员是杀不绝的！"

之后，他们又携手参加了中共五大，大会选举产生了首届中央监察委员会，张佐臣当选为中央监察委员会委员，杨培生当选为候补委员。

中共五大后，张佐臣、杨培生等在沪有群众基础的干部，按照中央指示回到上海，在极端困难的环境里开展工作，重建上海总工会，保存革命力量。在上海工作期间，由于叛徒的出卖，两人双双被捕。在狱中，他们二人虽然受尽折磨，却仍信仰坚定、不怕牺牲、英勇斗争。临刑前，杨培生看着张佐臣年轻的脸庞，仿佛又看到了初相识时张佐臣在台上慷慨激昂的模样。杨培生觉得惋惜：多好的人儿啊，如果能够活下去，能为革命做出多少贡献啊。但千言万语只是化作相视一笑，深厚的情谊抚平了身上的伤痛，两人挺起胸膛大步向前。就这样，在 1927 年 7 月 1 日，张佐臣、杨培生这一对生死与共的革命战友一起迈向刑场，血洒枫林桥畔。

参考文献

图书：

蔡和森：《蔡和森文集》，人民出版社，2013。

陈福康、丁言模：《杨之华评传》，上海社会科学院出版社，2005。

陈刚主编《走近周月林》，中国文联出版社，2007。

陈刚：《人民司法开拓者——梁柏台传》，中共党史出版社，2012。

陈清泉：《在中共高层 50 年——陆定一传奇人生》，人民出版社，2006。

邓中夏：《中国职工运动简史（1919—1926）》，人民出版社，1953。

邓中夏：《邓中夏文集》，人民出版社，1983。

董浩林：《上海烟草志》，上海社会科学院出版社，2010。

范晓春：《中国工运历史英烈传——陈延年》，中国工人出版社，2017。

胡申生：《从上海大学（1922—1927）走出来的英雄烈士》，上海大学出版社，
　　2020。

蒋廷黻：《中国近代史常识》，台海出版社，2019。

李文海主编《民国时期社会调查丛编（乡村社会卷）》，福建教育出版社，
　　2005。

李颖：《文献中的百年党史》，学林出版社，2020。

刘功成：《邓中夏传》，江苏人民出版社，2016。

刘明逵：《中国工人运动史　第二卷：新民主主义革命初期的工人运动（1919
　　年 5 月至 1923 年 12 月》），广州人民出版社，1998。

卢翰、周荣居、张爱华主编《中国近代史纲要》，电子科技大学出版社，

2017。

罗苏文：《上海传奇——文明嬗变的侧影（1553—1949）》，上海人民出版社，
　　2004。

茅盾：《我走过的道路（上）》，人民文学出版社，1997。

南湖革命纪念馆编《初心永在——嘉兴英烈谱》，浙江大学出版社，2021。

尼姆·威尔斯：《续西行漫记》，陶宜、徐复译，生活·读书·新知三联书店，
　　1991。

裴宜理：《上海罢工：中国工人政治研究》，刘平译，商务印书馆，2018。

平湖市地方志编纂委员会编《平湖年鉴2021》，中华书局，2021。

秋石、江滨、同甫编著《五卅运动中的上海工人》，上海人民出版社，1959。

《上海纺织工人运动史编写组》编《上海纺织工人运动史》，中共党史出版
　　社，1991。

上海社会科学院历史研究所编《五四运动在上海史料选辑》，上海人民出版
　　社，1980。

上海社会科学院历史研究所编《五卅运动史料　第一卷》，上海人民出版社，
　　1981。

上海社会科学院"中国现代史"创新型学科团队、上海社会科学院历史研
　　究所现代史研究室整理《上海工人运动历史资料》，上海书店出版社，
　　2016。

上海市静安区文物史料馆、上海社会科学院历史研究所现代史研究室编《红
　　映浦江：上海工运历史研究　第一辑》，上海书店出版社，2020。

《上海住宅建设志》编纂委员会编《上海住宅建设志》，上海社会科学院出版
　　社，1998。

唐纯良：《李立三传》，黑龙江人民出版社，1984。

桐乡市政协文教卫体与文史资料委员会编《张琴秋纪念文集》，文史资料委员
　　会，2006。

王庆华：《高君宇传》，山西人民出版社，2015。

无锡工人运动史志编纂委员会编《无锡市工会志》，江苏科学技术出版社，1995。

无锡市档案史志馆编《中国共产党无锡历史大事记（1925—2020）》，中共党史出版社，2019。

鲜于浩：《留法勤工俭学运动史》，人民出版社，2016。

赵金平：《杨之华的故事》，河北少年儿童出版社，1991。

浙江省民政厅编《碧血丹心——浙江烈士英名录（嘉兴　绍兴）》，浙江人民出版社，2014。

中共嘉兴市委党史研究室、嘉兴市档案局编《南湖英烈》，中共党史出版社，2016。

中共上海市委党史研究室编《上海英烈传》，上海远东出版社，1994。

中共上海市委党史研究室：《中国共产党上海史（1920—1949）》，上海人民出版社，1999。

中共上海市委党史研究室编《上海党史资料汇编》，上海书店出版社，2018。

中共上海市委党史研究室、龙华烈士纪念馆编，沈洁著《张佐臣画传》，上海人民出版社，2021。

中共上海市委党史研究室、龙华烈士纪念馆编，沈申甬著《杨培生画传》，上海人民出版社，2021。

中共上海市委党史资料征集委员会主编《中共上海党史大事记（1919.5—1949.5）》，知识出版社，1988。

中共上海市委组织部、中共上海市委党史资料征集委员会、中共上海市委党史研究室、上海市档案馆编《中国共产党上海市组织史资料（1920.8—1987.10）》，上海人民出版社，1991。

中共中央文献研究室编《建党以来重要文献选编（一九二一——九四九）第二册》，中央文献出版社，2011。

中共中央文献研究室编《建党以来重要文献选编（一九二一——九四九）第三册》，中央文献出版社，2011。

中共中央党史研究室编《中国共产党的九十年（一九二一——一九四九）》，中共党史出版社、党建读物出版社，2016。

中共中央党史研究室第一研究部编《李立三百年诞辰纪念集》，中共党史出版社，1999。

中共中央党史研究室第一研究部编著《中国共产党第一至第六次全国代表大会代表名录》（增订本），中共党史出版社，2014。

中共中央文献研究室编《毛泽东在七大的报告和讲话集》，中央文献出版社，1995。

《中国共产党杨浦（沪东）史》编纂委员会编《中国共产党杨浦（沪东）史：1921—1949》，上海人民出版社，2011。

中国社会科学院现代史研究室、中国革命博物馆党史研究室选编《"一大"前后：中国共产党第一次代表大会前后资料选编（二）》，人民出版社，1980。

中国社会科学院现代史研究室、中国革命博物馆党史研究室选编《"一大"前后：中国共产党第一次代表大会前后资料选编（三）》，人民出版社，1984。

中华全国总工会中国职工运动史研究室编《中国历次全国劳动大会文献》，工人出版社，1957。

中央档案馆编《中共中央文件选集　第1册（一九二一——一九二五）》，中共中央党校出版社，1989。

中央档案馆编《中共中央文件选集　第2册（一九二六）》，中共中央党校出版社，1983。

钟桂松：《钟桂松文集第十卷：张琴秋传》，浙江教育出版社，2022。

期刊论文、学位论文和报纸文章：

卞杏英：《五卅运动大事记》，《上海师范大学学报（哲学社会科学版）》1980年第2期。

陈刚：《红军女干部周月林的传奇人生》，《党史博览》2008 年第 2 期。

陈乃鹏：《顾正红烈士与五卅运动》，《唯实》1990 年第 3 期。

陈其美：《上海各商业团体联名抗议四提案的宣言》，《民国日报》1925 年 6 月 1 日。

陈卫民：《李立三与上海工人运动》，《史林》1997 年第 2 期。

程正光：《建党时期中国共产党人对劳工问题的认识研究——基于〈劳动界〉的考察》，《中共创建史研究》2021 年第 6 期。

冯晓蔚：《顾正红：工人运动的先锋》，《世纪风采》2019 年第 5 期。

傅道慧：《五卅运动中的爱国知识分子》，《史林》1986 年第 2 期。

高红霞、刘盼红：《〈纺织时报〉视野中的五卅运动》，《民国研究》2019 年第 2 期。

郭璐：《马克思主义大众化的多维度研究——以上海早期工人运动为例》，《湖北民族学院学报（哲学社会科学版）》2015 年第 3 期。

郭双林：《电报与政治时间：重新理解一九一九年的"五四事件"》，《中共党史研究》2019 年第 11 期。

何立波：《上海机器工会与中国共产党早期工人运动》，《上海党史与党建》2021 年第 6 期。

黄杜：《上海日本纱厂工人一九二五年二月大罢工——"五卅"运动的序幕》，《复旦学报（社会科学版）》1960 年第 5 期。

李次山：《上海劳工状况》，《新青年》"劳动节纪念号"1920 年 5 月 1 日。

李汉俊：《工人如何对付米贵？》，《劳动界》1920 年 10 月 3 日第八册。

李云波：《浙籍先进分子群体与中共早期工人运动研究》，《嘉兴学院学报》2022 年第 2 期。

刘贯之：《关于 1924 年—1925 年上海工人运动的回忆》，《中国工运史料》1960 年第 5 号。

刘朗山：《火车北站职工》，《新青年》1920 年 5 月 1 日第 7 卷第 6 号。

罗苏文：《高郎桥：1914—1949 年沪东一个棉纺织工人生活区的形成（上）》，

《社会科学》2005 年第 12 期。

缪志明：《1925：平民学校与海河沿岸纺织工人的罢工斗争》，《天津电大学
　　报》2012 年第 3 期。

任建树：《五卅运动的兴起》，《社会科学》1985 年第 2 期。

沈航：《辛亥革命后的剪辫与留辫问题研究——以浙江省为例》，《浙江学刊》
　　2013 年第 3 期。

沈航：《浙江辛亥革命再研究——以理性温情与人道主义为视角》，博士学位
　　论文，天津师范大学历史文化学院，2014。

施英：《上海工人三月暴动纪实》，《向导》1927 年第 189 期。

孙珊：《马克思主义在上海的早期传播研究（1899—1927）》，博士学位论文，
　　华东师范大学马克思主义学院，2021。

唐启华：《"中日密约"与巴黎和会中国外交》，《历史研究》2019 年第 5 期。

王君峰：《1920 年代上海大学的马克思主义传播阵地——以平民学校与工人
　　夜校为视角》，《黑龙江史志》2013 年第 4 期。

王谦：《中共第一个中央级纪检机构诞生始末》，《文史精华》2008 年第 6 期。

王全友：《"我活着，是为了工人兄弟……"——记工运领袖刘华》，《共产党
　　员》2023 年第 2 期。

王先芝：《马克思主义在工人阶级中的早期传播研究（1919—1927 年）——以
　　京津地区为例》，硕士学位论文，青岛科技大学马克思主义学院，2019。

为人：《劳动歌》，《劳动周刊》1921 年 11 月 5 日第 12 号。

刑建榕、周金香：《杨浦：近代上海工业的摇篮》，《档案与史学》2004 年第
　　1 期。

徐国梁：《浦江怒潮（之一）——"五卅"运动中的上海工人》，《党史文汇》
　　1996 年第 1 期。

严淡如：《严朴在上海的革命活动》，《世纪风采》2022 年第 1 期。

杨飞、王成会：《汪寿华：牺牲在四一二反革命政变中的第一位共产党人》，
　　《党史纵览》2009 年第 8 期。

愈之：《外人在华投资之利益》，《东方杂志》1918 年 1 月第 15 卷第 1 期。

张华腾：《北洋集团崛起研究（1895—1911）》，博士学位论文，复旦大学历史学系，2005。

张家冀、唐棣宣：《五卅运动前后上海工人民族和阶级意识的双重变奏》，《广东党史与文献研究》2022 年第 1 期。

张仰亮：《中共早期动员上海工人的机制》，《经济社会史评论》2021 年第 2 期。

中国共产党执行委员会：《为工会条例事告全国工人》，《向导》1925 年第 122 期。

中国共产党执行委员会、中国共产主义青年团执行委员会：《中国共产党、中国共产主义青年团宣言——告此次为民族自由奋斗的民众》，《向导》1925 年第 121 期。

朱华、苏智梁：《二月罢工始末》，《上海档案》1985 年第 3 期。

档案：

《上海革命历史文件汇集：上海各群众团体文件（1924—1927 年）》甲 10，1988。

《无锡地下党团早期斗争回忆录》，无锡档案馆档案，档案号：D007/1959-001-0002-0031。

《中共江浙区委党第一次代表大会》（1927 年 2 月 11 日），江苏省档案局档案，档案号：2232-005-0849-001。

网页：

平湖市人民政府：《平湖概况》，https://www.pinghu.gov.cn/art/2024/4/3/art_1229438637_59848327.html，访问日期：2024 年 1 月 20 日。

上海地方志办公室电子书数据库：https://www.shtong.gov.cn/difangzhi-front/book/detailNew?oneId=1&bookId=4471&parentNodeId=56124&nodeId=42633&type=-1。

中共中央组织部：《中国共产党党内统计公报》，http://www.news.cn/politics/2023-06/30/c_1129725145.htm，访问日期：2023 年 8 月 30 日。

后 记

　　1921 年 8 月，在浙江嘉兴南湖红船上，只有 50 多名成员的中国共产党宣告成立。如今，这个当初只有 50 多名党员的小党，已经走过了 100 多年的光辉历程，发展成为拥有 9000 多万名党员的大党，并逐步形成了坚持真理、坚守理想，践行初心、担当使命，不怕牺牲、英勇斗争，对党忠诚、不负人民的伟大建党精神。

　　回望历史，指导我们坚定信仰信念、把握历史主动的根本所在是对马克思主义的信仰、对社会主义和共产主义的信念，这是中国共产党人经受风险和考验的精神支柱，也是我们党从小到大，由弱到强，从胜利走向新的胜利的根基所在。

　　张佐臣是出生在嘉兴南湖的一名中国共产党早期党员，著名的工人运动领袖，中共中央首届监察委员会最年轻的委员，且是唯一一名浙江籍委员，同时也是中国共产党成立后牺牲最早的一名嘉兴籍烈士，他的生平事迹十分值得研究。然而，由于张佐臣烈士牺牺的时间较早，且未能找到烈士的亲属，因此留下的资料非常之少，目前关于张佐臣的事迹专门的研究著作仅有中共上海市委党史研究室、龙华烈士纪念馆编，沈洁著的《张佐臣画传》以及平湖市纪委监委编著的《他的青春如流星般闪耀：首届中央监察委员会委员张佐臣烈士画传》，另外部分资料散见于各种英烈传内。笔者之前对烈士事迹已有一定的研究，并且出版过相关图书，因此觉得有责任、有必要继续深入挖掘研究张佐臣的烈士事迹，以传记的形式，有血有肉地展示出张佐臣闪亮而短暂的一生，让更多的人不仅仅知道和了解张佐臣，更能从他的个人事迹中感受信仰的力量，感悟伟大建党精神。2020 年，在南湖革命纪念馆馆长张宪义的策划下，课题组启动了张佐臣传记资料的收集工作，课题组在资料收集的过程中得到了中共上海市委党史研究室的郭炜、沈洁老师，中国共产党第一次全国代表大会纪念馆的党委书记、馆长薛峰老师，无锡市档案史志馆的唐丽娟老师，新昌县史志办公室的王东惠、董蓝桦老师，平湖市档案馆的唐建明老师，江苏省档案馆、无锡市图书馆以及浙江省、嘉兴市社科联领导的帮助和支持。在此，本课题组谨向所有在该书撰写出版过程中提供支持和帮助的领导、专家和同人，表示衷心的感谢！

通过两年多不懈的努力和资料收集积累，课题组完成了写作提纲及初稿。通过课题组的不懈努力，"如闪电之耀亮——浙江籍工人党员张佐臣"被列为2023年度浙江省哲学社会科学规划课题。立项后，课题组成员对初稿进行了进一步的打磨，撰写分工如下：课题负责人张宪义负责撰写的总体规划，确定撰写主题、总体思路和框架。课题组成员唐颖华负责第三章至第十六章和第十八章的撰写；杨秋琳负责第十七、十九章的撰写；李浩砥负责第一、二章的撰写；邵新尧负责第二十章的撰写；刘征程负责前期资料收集、部分资料的整理打印工作。完成初稿后，张宪义负责统稿审核，逐章进行修改，补充了大量历史资料，统一了语言风格，最后以一本著作的形式出版了课题成果。

本书中引用的资料基本已在页下加以注释。另外，在书稿的撰写过程中，我们还面临着历史资料不足的困境，撰写者的能力和水平也同样有限，文中不可避免会存在一些不足和错漏，敬请广大读者予以谅解和海涵包容，所有错讹之处欢迎给予批评指正。

本书课题组

2024 年 12 月